山口組トップから
伝説の経済ヤクザの息子までが
素顔を見せた

修羅の花

生島マリカ
監修　鈴木智彦

彩図社

はじめに

今から三十七年前になりましょうか。わたしは十三歳の時分に再婚した父と継母から家を出され、ストリートチルドレンとして生きていた過去があります。

また、生家が大阪ミナミやキタの繁華街で宝石商をしていた関係で、幼き頃より任侠とは何かを間近で見知る機会が少なからずあったのでした。

本書では、日本最大の広域暴力団の頂点に立った親分のこと、経済ヤクザのはしりとなった義父にまつわる逸話や、映画「マルサの女2」のモデルになった事件についても詳細な裏話を記してあります。わたしが見てきた世界は、現代社会よりもっと男が男でいた時代でした。その当時をリアルに感じてもらいたくて「修羅の花」を書き上げました。戦後の日本を底から押し上げた激動の昭和という時代に、ヤクザを生業にした男たちの知られざる素顔を万感交々《ばんかんこもごも》に読んでいただければ幸いです。

写真撮影：中里吉秀

修羅の花 ◉ 目次

第一章
神戸の社長とその仲間

一九九七年冬。出産後すぐ仕事に復帰したわたし。事情を知る北新地のクラブ「セラヴィ」の由美子ママからは、

「あんたも今度は少しくらい真剣に働きや。子どものために。何ごとも子どもを優先でな。それと、子がおることは昔からのお客さん以外には言わんほうがええで。あと、ホステスにもな。出産したことはほんまに仲良い子だけにしときなさいや」

親身になって忠告してくれる由美子ママには悲しい過去がありました。わたしの出産より数年前に流産していたのです。誰よりも子どもをほしがっていた由美子ママにそう諭され、心を入れ替えて働くことにしました。これまでのように一人ではないのだから、嫌なことがあっても子どものために毎日時間通りに出勤して、飲酒も適量で、家事や育児に差し支えないようきちんと働いて、貯金を心がけるようにもなっていました。

わたしは、夜の仕事には向いていないと自分ではずっとそのように感じておりました。しかし、「好きなこと」と「向いていること」が必ずしも一致しないように、「好きではないこと」と「向いていない」ことも絶対に比例するとは言えないのです。好きではなくても、向いていることもある。

ある時期にわたしは、自分がこの街でどれだけの値打ちがついたのか確かめたい気持ちに

なりました。それで、出産するまで二十代の前半は前代未聞の日給と契約金、そのうえ売り上げノルマなし同伴なしのアフターなし。一切のペナルティなしという条件を突きつけ、譲らなかったわけです。その要求に応じた仕事をしていたという自信もありました。終業時間が近づくと、その一日で自分がどのくらい店に貢献できたか計算を始めるのです。内容も含めて、日給の五倍以上だと自分で思えたなら胸を張って帰り、三倍なら普通に帰り、自分で納得できないと感じたなら、進んでよその席で残業して、少しでも売り上げに役立つように努めました。成果は直接の数字だけでなく、自分なりに総合点をつけたりもして。縁の下の力持ち的な立場であったことも含めたマルチプレイヤーを自負していました。そんな姿勢をママたちも分かってくれていたのでしょうか。どのママも、わたしに関してだけは何ひとつとして文句をつけてこず、干渉もなく、自由にさせてくれました。

ほんの子どもの頃に家を出されてしまい、一人で生きて行かねばならなくなって、生活のために夜の仕事に就いた直後も、売れてからも、店を持つとか、ママになるとか、お金がたくさん欲しいとか、一生ホステスを仕事にする考えというか、「これで生きていくぞ！」とは最後まで腹を決められなかったというか、自分の中ではそれをイメージできませんでした。しかも、それまでに勤めていたアナベラの潤子ママとの付き合いが割れていて、夜の仕事自体に嫌気がさしていたのもあり、セラヴィに移籍した直後から子どもを生むまでのわたしは、本当にいい加減な人間に成り下がっていたのでした。退勤は必ず午前十二時ぴったりにはタイムカードを押して、逃げるように店を出て行っていました。「女の子が足らんから、残業お願い！」という店長のお願いも聞こえないふり。一目散にタクシー乗り場へ向かって家に帰るか、彼氏と待ち合わせして遊んでおりましたね。出勤も気まぐれ。遅刻は当たり前で、夜の十一時に出勤して十二時に帰るとか、とても不真面目になっていったのです。もちろん遅刻は罰金で、日給が高いと金額も大きく跳ね上がる。それでも店にきちんと定刻に行って、できるだけ多くのお給料をもらうんだ！　という感覚はまるで芽生えなかったのです。しかも誰にも咎められませんでしたし。その当時は、「有名で、人気さえあればいいんでしょ？」というね、若さの驕り、いきがりみたいなものがあったと思います。

アナベラからセラヴィへ移籍後、そんなふうにやさぐれた勤務態度で二ヶ月も過ぎたところに妊娠が発覚して、突然に一年半ほどの休業となったのでした。移籍後すぐに職場から離れ、出産のため一年以上も休んでいたのです。子を生み、二十六歳を迎えての現場復帰ですから、わがままを言えた身分ではありません。同じ態度で働ける訳もなく。二十歳ではないのですし、幸いにもそれくらいの常識と客観は持っていました。

入店したばかりで野暮ったい印象だった若い新人ホステスも、北新地の水を飲んであか抜けていきます。綺麗に整えられた眉に、お金のかかった洗練されたファッション。いい男がつけば女は変わります。戻ったばかりのわたしに「お帰りなさいマリカさん。わたし、ずっとマリカさんを目指して憧れていました。でもなんかちょっと……マリカさん印象が変わりましたね」と、一年やそこら見ないうちに、見違えるほど美しくなった後輩が声をかけてきました。ついこの前まで田舎臭かった二十歳そこそこのホステスに含み笑いで宣戦布告されるのです。いやでも焦ります。女の戦場では女の視線が女を磨くのです。夜の街には日々スターが育つ。客が一年で入れ替われば、ホステスの人気だって三ヶ月も留守にすれば順位が入れ替わります。

一方で、古参のホステスたちは生き延びるのに必死です。復職したわたしに新規の客を取られまいと警戒していました。彼女らは嫉妬や焦り、媚が入り混じったそのあたりのジレンマを感じながら、上辺は笑顔で、わたしをつぶそうとするのです。しかし、お客さんが「あの子を呼べ」「いま前を通りがかった子を」とリクエストすれば、嫌でも席につかさねばならない。とはいえ、海千山千で生き抜いてきた古参は一筋縄ではいかない。呼んでくれたお客さんの前でわざわざ、「一年以上もお休みだったけれど、どうしてたの?」と質問してみたり、わたしが席から外れると、「あの子は結婚してるって噂だけど、休んでいたのは赤ちゃんを生んでいたみたいよ、二十代半ばなのに、子持ちよ」など。初めてのお客さんに、わたしの決してプラスになるとはいえない情報と、夢をなくす話を耳打ちする。こういうのを連夜のように経験するのです。売れるホステスの根性が鍛えられる瞬間ですが、わたしは他者からの意地悪には慣れていたので、さほど気にはなりませんでした。でも、悪意を悪意としてぶつけてくる人達にとっては、「それをまったく気に留めていない」というわたしの態度が最も癪に障るようでしたけれども。

そんな環境で、二十代の半ばを過ぎた出戻りのホステスが存在感を示し続けるのは並大抵のことではありません。そもそも生来において競争が嫌いなわたしです。そのうえ、妊娠出産子育てという人生で最も幸福な時期と、運命を変える経験で、まったく気が抜けていましたから、そういう意味で、お母さんになったわたしは、自分が女の戦場で働く勘を失っているのを実感していました。売れる気配があるホステスほど足を引っ張られるもの。日常茶飯事なのです。その要素があるからこそ嫉妬される。したがい、こんな戦場に立てば、臨戦態勢になるのにそう時間はかかりませんでした。

北新地でも、銀座でも、一世風靡した自覚はありました。日毎にわたしのプライドが頭を擡《もた》げてきます。一週間もすれば元のわたしに戻れるし、接客飲食店は、一年も経てばお客さんが三分の一くらい入れ替わっているはず。自信を持ってそのように読んでいました。一週間もしないうち、皆の期待を外して、わたしはすぐに勘を取り戻しました。

今や「セラヴィ」は老舗になっていますが、当時は若々しい店舗でした。開店当時はオーナーの由美子ママが三十代の後半にＮＴＴ株で大儲けして週刊誌に取り上げられるなど、顧客には有名企業の創業者などもいて、北新地でも華やかな話題に事欠かない有名店でもありました。セラヴィの前に働いていた「アナベラ」も、大企業の代表や幹部、某国の皇太子なども訪れていたし、とても客層が良かった。ただし、アナベラは潤子ママの方針で、身元のわからない方や、反社会組織の入店は例外なくお断りしていました。したがって、セラヴィに移籍して休業復活するまで、その筋のお客さんと間近に接したこともなければ、話したことはもちろん、すれ違う機会さえありませんでした。

約一年半ぶりにセラヴィへ戻って二週間も過ぎた頃だったでしょうか。わたしの予想通り、客層が大きく入れ替わっていたことを我が身を以て確認できる事件が起こりました。

その夜は出勤前に託児所が混雑していて、遅刻寸前でした。なだれ込むように店へ入って、他の女の子たちと同じく、我先にとタイムカードを押しました。打ったタイムカードを確認したら午後八時ちょうどでした。一安心。ほんとにぎりぎりだったなあ、こういうことをちゃんと気にできるようなまともな自分に戻っていたのが嬉しくもある瞬間でした。ホステスは出勤すると今いちど身支度を整えねばなりませんが、タイムカードを押してしまえばこっちのものです。レジに財布を預け、一息つこうかとしていたところに、いつもは温和な樋口専務が見たことのない形相で走って来て、

「マリカちゃん、用意できたらすぐ十四番！　十四番に座って！」

と切羽詰まった表情で叫びます。専務は酔っぱらうと女っぽくなっちゃうのですが、普段はシャキッとした男っぽいひと。どうしたんさ、朝一番からそんな悲惨な顔をしちゃって。総理大臣でも来てるのかしら。

「ちょっと待ってよ、かばん置くから」

こっちは搾乳したばっかかでフラフラやねんから、こきつかわんといて。と、言い返したいのを我慢して心の中で愚痴ります。横には古参のホステスが耳をそばだてていました。

「もうお客さん入ってるねん。頼むわ、早くして、早く！」

お客さんが来店してるって、まだ八時やないの。同伴出勤だって八時半なのに。八時前から来るお客さんとか迷惑やわ。ぶつぶつ……。鏡を見ながら自慢のワンレングスをサラサラと梳《と》かしてから出たいが、鏡の前には古参が居座っていて、そこからどく気配がない。あたしの代わりに十四番に座って仕事してきてよ。ほんで鏡前ゆずってください。こう言いたいのも飲み込みました。

「何してんのマリカちゃん。早くってば」

「わかってるって。いま来たばっかりで髪の毛を梳かしたいねん。かばんもまだ置いてない」

「もうそのままでええから、早く！」

「かばんが……」

　セラヴィだけに関わらず、当時のクラブでは女の子のロッカーなど個人の私物用の設備が整っていなかったのです。普段は財布など貴重品をレジのお姉さんに預け、かばんは狭い棚にスペースを見つけてきちきちに置きました。でも、置ける場所にはこれまた古参が居座っている。ダメなホステスでも年長者だし、先輩だから強く言えないのです。遠慮してまごましていると、また専務が現われて、

「とりあえず出て」

　トーンが低い。専務がキレる寸前である。怒るにつれて単語が短くなるのが特徴の人でした。

　十四番って、オーナーママの彼氏専用の席じゃなかったっけ？　そんな疑問を頭に、玄関横にあるレジ奥の待機準備室からやっと出て、Uの形に設《しつら》えられた広いフロアーを優雅に横切り、Uの字のどん付きにある十四番席へ向かいました。すでに客席の半分くらいが埋まっていました。団体客なのね。

「マリカさんです」

ボーイのエスコートに、わざわざ専務が付き添ってきたのも、考えれば異例なことでした。団体客の上座一番奥に座るお客さんの横がぽっかり空いていました。

「マリカちゃんは、社長の隣」

そこに座る男性に視線を投げると、実際には六十前のようでしたが、まだ若いお客さんに見えました。若いといっても五十過ぎくらいに。すごく恰幅が良くて、胸板が分厚く、肩幅が広い。まるで鎮座する大きな岩のようでした。

「いらっしゃいませ、マリカです。失礼します」

客人に返事はなく、無言でした。わたしは指名で呼ばれて座っているのかな？　ここに座っていてもいいの？　あまりの寡黙さに不安になりました。ここはとりあえず大人しくしとこう。そう直感しました。そして、わたしに続き向かい側の席にも若いホステスが座りました。セットといわれるお酒のボトルや飲料水の前に座るホステスは、主に水割りをつくるのが役割です。この子の名前は何だったかな、ああそうだミキだ。「ご一緒にいただいてもよろしいでしょうか？」客人は黙って頷く。わたしは何となく厳粛な気分でミキのお酒作りを助けます。初対面のお客さんと横並びに沈黙でいるよりかは、何らかの作業をしているほうが気は楽なのでした。

「いただきます」

テーブル上のお客さんのグラスに自分のグラスを近づけると、わざわざ手に取って「乾杯」とにこやかにグラスを鳴らしてくれました。

黙りのお客さんは、別に怒っているわけではなさそうで、単に、我々ホステスのお酒がでてきて、乾杯するまで待っていてくれただけのようでした。いたって好意的でした。すると、さっきまでひと言も発さなかったお客さんがいきなり、

「腹へってへんか?」

と聞いてくれました。正直、そんなにお腹は空いていません。

「ありがとうございます」

断らずに、いただいた気持ちに対してだけお礼を述べました。

「遠慮せんでもええねんで」

「いいえ、わたしは空いてないです。ミキちゃんは?」

向かい側で団体客の水割り作りに奮闘するミキに声をかけてみました。

「わたしですか……ちょっと空いてます」

「ふぐ食べるか」

「ふぐですか。いいんですか?　でもうちで?」

「そうや」

ふぐ？　どこの料理屋が持って来るのだろう。それより、鮨以外の店内飲食はお断りじゃなかったか。ママは了解するのかな。

「ちょっと誰か。ふぐ持って来てもらって。俺はさっき食べたから」

店長が駆け寄ってきて、

「ふぐですか。わかりました！」

と答えて一礼した。

ええっ、ほんとうにふぐの出前を頼むんだ。いいのかよ。内心でツッコミを入れた。同時にこのひと誰？　何者？　という疑問も湧きました。

ここで改めて、狭くはない店内の半分を埋め尽くした団体客を観察しました。一見すると普通でありました。全員が紺やグレーの仕立てのいいスーツに白いシャツにネクタイは青や紺など地味めなもの。しかし、女の子と隣り合っても楽しそうに喋るでもなく、下に視線を置いたまま頷くだけ。クラブにいるのに全く楽しそうに見えない。何で来たのだろう、など

と不思議に思っていましたら、

「おまえの名はマリカというたかの。何歳や」

隣にいるお客さんが唐突に訊ねてこられました。

「二十六です。二十六歳」

「俺は渡辺いうねん。おまえは大阪生まれか」

「生まれたんは神戸です」

「神戸？　神戸どこや」

「旧生田区で今は中央区になるのかな」

「いやだから生まれたんは神戸のどこや？　と聞いてるんやがな」

「ああすいません。三宮です。親には加納町ってとこの教会で生まれたとだけ教えられて」

「小学校の横にある教会？」

「そこまではちょっと分かりません」

「そうか。俺はな、栃木に生まれたんや」

「栃木県？　関西弁ですやん」

「関西が長いから」

「へーそうなんですか。そう言われてみれば微妙に関西弁おかしいですもんね」

「おかしいか？」

聞き直されたが怒ってはいない。むしろ楽しそう。

「おかしいっていうか、ちょっと違うなってくらい」

「微妙にか？」

「はい、微妙に」

マズいこと言ったかな。しかし、そんな心配をよそに、隣のお客さんは微笑みながら水割りに口をつける。一口飲んで、ほどなくまた一口飲む。

「俺はな、若い頃キャバレーで働いとってん」

「キャバレーで？　何してたんですか」

「用心棒や」

「用心棒？　じゃ、ケンカ強いんや」

「柔道やっとった」

「あたしもマーシャルアーツやってましたよ」

「マーシャルアーツやってたんか！」

良かった、共通の話題があって。もう大丈夫だ。

「ケンカ強いやないか」

「そこそこは」

「じゃあ、おまえはこの店の用心棒やがな」

はははは。和やかに話が盛り上がる。

「俺の腹を打て」

「は？」

　何を言い出すかと思えば。

「俺の腹に一発パンチしてみ」

「ええ？」

「ほら早く」

「ほんまに？　いやいやダメです。お客さんに暴力なんかふるえませんよ」

「暴力ちがうがな。おまえにどれだけ力があるんか知りたいだけや」

「子どもの頃の話ですから……勘弁してください」

「ええから、やってみいって言うてんねん」

「えーほんまですか。じゃあやりますよ」

「よし、こい」

　お客さんが上着のボタンを外し、両手で上着を観音開きにしてこちらを向きました。胸板が分厚いだけではなく、お腹は出ていないし、なるほど格闘技かスポーツをしてきた人の体をしていると感じました。

「ほんじゃいきますよ」

　わたしは右手を後ろにして構えました。

ボスッ
その瞬間、店の半分近くを埋めていた連れのオジサンたちがすべて立ち上がったのでした。総勢二十人はいるであろう黒っぽい服装のオジサン集団が物凄い顔つきであたしを睨みつけるのです。

「おう、何やっとんやおまえ！」

その中の一人が声を荒げました。腹を殴れとわたしに命令した当の本人、渡辺さんだけ座ったまま。掌を上下にひらひらさせ、殺気立った黒いオジサンたちに「まあまあ」「座れ」といった様子で合図をする。オジサンたちは怒りが収まらんぞ、と言いたい様子でしばらく立ったまま威嚇します。どうしよう。わたしは固まりました。

店の奥から専務がスッ飛んできてあたしに手招きをしました。

「マリカちゃんマリカちゃん、ちょっとこっち来て」

専務の眉がハの字になっていました。いちばん困っている時の眉です。わたしは訳も分からず、逃げるように席を立ったのでした。

腕を掴まれ、レジの横まで引っ張られました。すると、どういうわけか由美子ママが出勤しているのです。いつもは二十一時を過ぎないと現われないのに、今夜は早いな、など呑気に考えていたら専務が、

「なにしてんのよもう〜」

「なにが？」

「やめてよもう〜」

「なあにがあ？　あのお客さんがやれって言うたんやで、何で怒られなあかんの」

「あのひと誰か知ってるよね？」

「知らん」

「もうええって〜　知ってるやろ〜」

「知らんってば。誰よ」

由美子ママを向く。

「ママ、あのひと誰？」

手鏡で口紅を直しながら専務とのやり取りを聞いていた由美子ママが、わたしを一瞥して
専務にひとこと投げました。

「樋口、マリカほんまに知らんのやわ」

「ええ〜　勘弁してよ〜」

「あれ、誰？」

「あれ誰って、マリカちゃん〜」

「誰よ。言うてえや」

「誰も何も、あのひとは神戸の社長やんか～」

「神戸の社長っていっても、世の中にはいっぱいおるやんか。神戸のパン屋、神戸の肉屋、神戸の服屋、神戸の靴屋」

「いっぱいおらんよ～　天下の大社長やのに」

「あのさ、『天下の大社長』だけじゃあ分からんわ」

「知ってるって～　めっちゃ有名人やで。絶対いっかいは見たことあるよ。ほら～　新聞とか雑誌で～　電車の広告にも～」

「電車に乗らんから見てないし、雑誌もファッション誌しか買わん。誰なのか言って」

「日本で一番有名な会社の社長やんか、神戸に本社がある～　ほら！　ほら！　もうわかったやろ」

ん～　誰よ～

あーーーーーーっ!!

神戸にある日本で一番有名な会社ってもしかしたら……

「わかったわ！　日本で一番有名なあの会社な！　神戸の！　あのひとそこの社長なん?」

「そうやんかいさ～」

「ヤバいやん」
「だからさっきからそう言うてるやんか〜」
「いや〜　知んかったわ」
「ふつう知ってるやろ！」
「いや、ふつう知らんやろ！」
そういわれてみたらどこかで見たことあるような気がしてきた
どうしよう
お腹どついてもうた
殺されるんちゃうん
「あたし帰る！」
「いやいや、帰ったらあかん」
「いや帰る。怖い」
「マリカ、帰らんでもええわ。一番テーブルのマーさんとこ、下座で後ろ向きに座っとき。十四番から死角や」オーナーの由美子ママが冷静に制しました。
一番に真鍋さんが来ているのね。真鍋さんは金融というか、街のお金貸しでした。時どき食事に連れて行ってくれたり同伴してくれたり、誕生日に高価な洋服を買ってくれたりする仲良しのお客さん。この夜は別の女の子と同伴で来店していたようでした。

「真鍋さん、いらっしゃいませ。ちょっとだけ座らせて」

そんな真鍋さんだったのですが、わたしの顔を見るなり仰け反って、

「あかんあかん、向こう行け！　いま見てたぞ」

「えっ見てたん」

「吃驚《びっくり》したわ」

「ここ座らせてえや」

「無理無理、あっち行ってくれ」

「あっち行けとはなによ！　由美子ママがマーさんとこに座っときって、命令やん。だから座らせてもらうで」オーナーである由美子ママの名前を出されたらさすがの真鍋さんも拒否できません。店内では由美子ママが法律なのですから。しかし、一番テーブルの下座奥は真鍋さんの会社のひとが座っています。お客さんに「そこ空けて」とも言えず、仕方なしに真鍋さんと並んで、十四番の団体客が見えるところに腰掛けざるを得なかったのでした。その群衆を外野席から見ると、黒ずくめのオジサン達がひとかたまりで、全員が誰とも目を合わさず、お酒も飲まないし、やっぱり異様な集団に見えました。

「おまえようあんなことするわ。怖い怖い」

「違うよ、神戸の社長にやれって言われたから。誰か知らんかってんもん。いま聞いてわかった」

「知らんかった？　ふつう知ってるやろ」

だ～か～ら～　ふつうは知らんってば！

怖い怖いとヒソヒソ話をしていたら、新人のボーイが声をかけてきた。

「マリカさん、お願いします」

「はい？　お願いしますって、どこに」

お客さんはここ真鍋さんの一番と十四番の神戸の社長の団体席、あと一組だけ入っているけど、あたしが座る席じゃない。

「十四番です」

「十四番？」

真鍋さんと顔を見合わせます。

「無理やろ、いま怒られたのに。座れへんよ」

何かの手違いだろう。だが、しばらくして再びボーイがわたしのもとへ。執拗に食い下がるのです。

「マリカさん、十四番にお願いします」

「あのさ、十四番は座られへんって何回も言うてるやんね。さっき専務に怒られてんから。

誰に指示されてんの」

頑なに断ると、専務が真鍋さんの席まで来た。

「マリカちゃん、十四番に行って」

「嫌やってば怖い。何の嫌がらせよ」

「違うねん。呼んではるねん十四番の社長が」

「ええっ」

「神戸の社長の指名やねん」

「なんで？」

「わからん」

「確認するけど、十四番ってさっきの、日本で一番有名で一番怖い会社の社長のとこやんな？」

「そう。さっきのあの大社長が直々に指名してはんねん。マリカちゃんを横に戻せって」

「なんでやろ……どつき返されたりせんかな」

「それはないやろう。だから座って。頼むわ」

「さっきはスマンかったな、驚かせて」

こわごわ戻ってみたら、神戸の社長からまず一言。優しいじゃないか、怖いけど。でも、なるべく普通にしとかないとな。大社長とはいえ、せっかく遊びに来てくれてはるんやし。そういう気持ちが勝った。

「吃驚したわ、皆さん立ち上がって怒りはったから」

「あのひとらも仕事やねん。悪う思わんといたってくれ」

仕事か。なるほど。

「いま聞いたわ。あのひとらは部下って」

「そうか」

なんだかんだしているうちに、ふぐが到着しました。テレビで活躍する有名料亭のおやじさんが自ら運んで来たのには驚きましたが、日本で一番有名な会社の社長のお席なのだから、それもまあ当たり前といえば当たり前です。

「ふぐ来たわ。食べ」

てっさ、湯引き、唐揚げ、ヒレ酒、隙間なくテーブルを埋めました。

「俺はさっきの梅酒もってきて」

神戸の社長がテレビで先生と呼ばれる料亭のおやじさんに注文しました。

「梅酒？」

「美味しいよ。あんたらも飲み」

女の子がいっせいに「ありがとうございまぁす」と嬉しそうに深々と一礼して答えました。どうやら神戸の社長のことを知らなかったのはわたしだけのようでありました。

「あたしヒレ酒も梅酒も要らん。冷酒もらっていいですか?」

「いいよ。おいちょっと、冷酒もってきたって」

冷酒には、これでもかというほど金箔が入っていました。先ほどの厳しい雰囲気から一転して酒宴は和やかに。雰囲気が良くなると、神戸の社長がご自分の話をしてくれました。

「俺な、栃木で生まれて東京へ上がって、ほどなくして関西に流れて来たんや。道中にいろんな仕事をしてな。その頃に嫁さんと知り合うた。えらい苦労かけたけど、文句のひとつも言われたことない。出来た女やねん」

「そうなんや(そりゃあ、ここまで来るには筆舌に尽くし難いことが沢山あっただろうな)」

「東京へ上がったら街でケンカばっかりしてての。そこで知り合った人にキャバレーの用心棒をせんかと誘われたんがきっかけやったなあ」

「神戸はどのくらいになるんですか?」

「どのくらい?　もう人生のほとんどが神戸やがな」

話し方が柔らかい。意識してくれているのか、ヤクザの人にありがちな「ワシ」とか「〜やど」など勝手なイメージですが、そういうバリバリの話し方はしないのが印象に深かったです。男の世界ではどうだったか知らないが、わたしたちには「ワシ」とは言わず「俺」と称されていたように記憶しています。

「銀座に彼女がおったんやけどな、金の話ばっかりしよる。やれ着物が、やれ帯が。うんざりしての」

「女のひとやからな、しゃーないでそれは」

「そやの。けど、顔見る度に毎回そうやと疲れるがな。金のある無しやなしに」

「確かに。毎回は嫌やな」

断っておきたいのですが、日本で一番有名な会社の社長とは合計三~四回しか会っておらず、この夜が初対面だったのです。思い返せばたいへんな立場の男です。もしかしたら、総理大臣になるより難しいところへ座っているのですから。腕力、胆力、知力、政治力、運、人望、経営力、どれひとつ欠けてもそこに座ることは出来ない組織の頂点に君臨しているのです。わたしは、どんなに砕けても、初対面のお客さんに対し、敬語を使わず馴れ馴れしく話すことはしないのです。しかし、初めて会った飲み屋の女にここまで心を開いて話してくれるのだから、仰々しく接するのは逆に失礼にあたると判断しました。何ごともケースバイケースです。

「おまえは、ずっと夜か?」

「モデルやってましたよ。あと秘書も。二十代の前半には店もやってました。それで、父が亡くなって独りぼっちになってしまって。子どもを生みました」

「手元で、自分一人で育ててんのか」

「そうです」

「大変やの」

どうして初めて会ったお客さんに子どもがいることを打ち明けたのでしょうか。由美子ママには誰にも絶対に言うなときつく口止めされていたのに。当時の心情までは憶えていませんが、何となく、話しても問題ないような気がしたのです。きっとわたしも、神戸の社長に心を開いていたのだと思います。

ふと見ると、神戸の社長と話し込んでいる合間にテーブルの上のふぐは跡形もなくきれいに無くなっていました。同じことを感じたのか、神戸の社長が、

「残さずきれいに食べたな。美味しかったか？」

同席していたミキに語りかけました。ミキは水割りを作る手を止めて、

「はい、とっても美味しかったです」

と満面の笑みで答え、再び神戸の社長が、

「腹いっぱいになったか？」

と訊ねると、ミキはテーブルに両手の指をつけて、

「はい、満腹になりました。ありがとうございます。ごちそうさまでした」

とお礼を述べました。その様子に神戸の社長も甚《いた》く嬉しそうにしていたのでした。

ここでも神戸の社長は「旨かったか」とは言わず「美味しかったか」と訊いていたのをはっきりと憶えています。言葉遣いが綺麗だなと再び感じたところです。

「おまえ、オモロいの」

「ほんま？　普通やで」

「俺のこと知ってるか」

「さっきお店の人に聞いた」

「そうか」

「びっくりした」

「怖いか？」

「もう怖ない」

「おまえ、モテるやろ」

「まあまあな。そっちもモテるやろ」

「まあまあな」

クスクスと笑い合った。店内も賑わってきた。時間は十時半をまわった頃か。

「よし、今日は帰るで」

談笑中に何の前触れもなく渡辺さんが立ち上がりました。すると、黒い群団が黙ったまま迷いもなく素早く動き出します。店内に緊張が走りました。先発隊の数人が玄関を飛び出し、前後左右に体格のいいオジサンが配置され、中心にいる渡辺さんがゆっくりと進みます。わたしは、お見送りをするため、その中心部に渡辺さんと一緒にいました。カウンターの前に群団の一人が立ち、トイレの前にも一人、レジの前には二人、階段の前に二人、階段の途中に一人、階段を上がったところには二人、と数を数えていたら、地上に上がったところで店前に黒い車がぴったり横付けされました。どんな大企業の社長の車でも、これほど見事なタイミングで停車した運転手を後にも先にも見たことがありません。付けられた車の前後十五メートルには群団の数人ほどが立ちはだかって往来の人や車を止め、車両の間隔を空けていました。最後尾に控えていたオジサンが車のドアを開ける。流れるように美しく、すべてにおいて完璧な動作でした。お見事としか言いようがない。強い軍隊ほど動きに無駄がなく、統率がとれていると何かで読んだのを思い出したのでした。

「また来るわ」

と渡辺さんがわたしの耳元で言い残し、素早く黒塗りの車へと乗り込むと同時に発進しました。なるほどと膝を打つ。店内にいた黒い服装のオジサン群団は神戸の社長（渡辺さん）をガード（護衛）するため店にいたのか。道理で皆さん、飲み屋で酒も飲まずに難しい顔のはずだ。日本で一番有名な神戸の会社の幹部の方たちは「ありがとうございました」と声をかける私たちに一瞥もなく、そのままアッという間にてんでバラバラに散っていきました。その様子は年季の入った忍者のようでした。神戸の社長を乗せた車を目で追うと、ちょうどいい具合に信号が変わり、車は一度も止まらずに大通りに出たのです。そこまで計算していたのかな。それはないか。

やれやれ。送り出しには専務もいました。

「はぁ～　やっと帰った～」

「おっちゃんらの動きすごいな。さすがと言うか」

感心してつぶやくと、緊張がほどけた様子の専務があたしを振り向き、

「もお～　ほんまマリカちゃん勘弁してや～」

「なにがよ。しつこいで」

「あんなんせんといてやもう～　生きた心地せんかったし～」

「その話ならもう終わってるやろ、知らんわ。だったら最初に教えてくれたらええやんか。だいたい何時から怖い人らを店に入れるようになったんよ」

軽口の言い合い。いつものことでありました。

それにしても……いやーびっくりした。復帰早々どえらいひとと知り合うたわ。また来るとか言ってたし、同じような失敗を繰り返さない為にも、帰りは難波元町まで車を飛ばして二十四時間営業の本屋で売っていそうな顔写真入りのヤクザ名鑑みたいなの買って勉強しなくちゃ。あの辺りは場所柄そういう類いの書棚があったはず。心の中で次回の対策を講じました。

「今日は珍しく長いことといてはったな。機嫌よう帰りはったわ。お疲れさん」

由美子ママが労いの言葉で締めて、わたしは我に返り、皆んな店内に戻ったのでした。

数日後。仲良しのお客さんと、女の子と、いい調子で話し込んでいたところに、ボーイが水を差してきました。

「マリカさんお願いします」

「誰？」

「お客さんです」

「それは分かってるけど、お客さんて誰が来たん？」

「分からないです」

「んん？　ちょっと行ってくるわ」

客人と、同席するホステスにも断りを入れて席を立ちました。

「一番席です。よろしくお願いします」

「いらっしゃいませ」

一番テーブル前で挨拶をすると、初めましてのお客さんが三人。

「ここ座り」

奥の上座に座っている男性が、空席になっている自分の隣を笑顔で指すのです。なんだかどこかで見たことあるよ。

「マリカ、会長の横に座らせてもらい」

また会長だ。由美子ママが名前を伏せて会長というからには何かあるに決まってる。そもそもママの彼氏の呼び名も「奈良の会長」で、その奈良の会長も本屋で手に入れた山口組名鑑で見つけた。案の定、伝説の大親分だったのを思い出したのでした。

この見覚えのある会長とやらは、セラヴィのすぐ横のビルでステーキレストランをやっている静香さんと長い付き合いのパトロンで、うちのチーママ奈緒美さんの彼氏でもある人だったはずでした。店内でたびたび見かけましたが、呼ばれたのは初めてのことです。

「横に、ですか？（ママ、このひと奈緒美ちゃんの彼氏やん。静香さんのパパでもある人やんか！）」

ややこしいことに巻き込まれるのは面倒だ。怪訝に訊くわたしの問いを由美子は無視して、

「ええから、早よ。親分の横に」

は？　親分？　やっぱりヤクザやん。道理でこのまえ買ったヤクザ名鑑に載っていたような気がしたもん。

「……お邪魔します」

暗い気持ちで座りました。なんであたしが座らせられるのよ。うちのチーママの彼氏やん、ややこしい。人の男に手を出さないのよわたしは。

「さっきあんたが前を通りかかったのを見て、親分が指名しはった」

わたしの気持ちを読み取ったように由美子ママが説明しました。システムとして、ホステスが場内指名を断ることはできません。しかも氏素性を聞いた後で断れるわけがないのです。

仕方がないので大人しく言われたままに座り、「親分」を観察することにしました。

大物ヤクザというのは、神戸の社長こと渡辺芳則《わたなべよしのり》親分（五代目）と、この親分くらいしか接客しておりませんが、共通していたのは非常に優しくて、穏やかで、我が儘を言わないし、お茶目な一面のあることでした。二十代の女にしてみると、彼らがヤクザでなければ「優しくて気前のいいオッチャン」ということで一致するのでしょうが、特筆すべきは、他のお客

と違って、どうしたい、こうしたい、と簡単に発しないことでした。それは何故かと考えたところ、おそらく彼らクラスが何か言葉にすれば、その一言で大勢が動く。それを自覚しているような素振りでした。なのに、ママがわざわざ会長の場内指名でわたしを座らせたと伝えてきたことに違和感を持ったのです。しかし、いずれにせよ、ここで働いている限りは呼ばれた席に誰がいようと、そこに座って楽しくお話するのがわたしの仕事なのでした。

「身長高いな。何センチや？」

「一七一センチです」

「洋服が好きそうやな」

「好きです」

「なかなかお洒落や。モデルやっとったんか」

「やってました」

「雑誌とか」

「出てました」

「出戻りか」

「はい？」

「結婚して、子ども生んで別れて、ここで働いてるとか、そういうことかと訊いてるんや」

完全にお見通しでした。

「まったくその通りです」

「子ども何歳？」

展開、はやっ。

「六ヶ月です」

「赤ちゃんやがな」

「はい」

「今はどこに？　親に預けて？　それとも託児所か」

「親はいないんで。託児所です」

「ほうか」

由美子ママが作ってくれた水割りのグラスを受け取り会長の杯を鳴らしました。

「ちょっと、この子の電話番号きいといて」

向かいに座っていた三十代後半あたりの男性が身を乗り出して、「連絡先、ここに書いていただけますか」とメモを差し出してきました。なんとなく名前は書かずに携帯電話の番号だけ書き入れましたら、間髪いれずに「名前もお願いします」と付け加えられました。

「今からな、ゴハン食べに行くんや。肉が美味しいで。ちょっとそこまで送りに来て食べてみたらええねん、なあママ」

　由美子ママの顔を見る。ここの法律は由美子ママだ。もしかして静香さんのステーキハウスに連れて行く気とちがうやろな。

「ええとでも、わたしはまだ仕事中なんで。営業時間は出れないです」

「行ってきて」とママ。なんでやねん。アカンて言うてよ。

「じゃ、桑田さん。マリカお願いします」

　ママの声に押し出されて店を出ました。この時に「会長」は桑田さんという名前だと知ったのです。

「静香を知ってるか」

　向かう道すがらに「桑田さん」が訊ねてきました。やっぱり。

「静香さん、知ってます。たまにお客さんを送ってうちに来はりますから（というより、おたくの愛人やんか。有名やで）」

「そこ行くで」

　ええ〜

　案の定、静香さんのステーキハウスではシラーッとした気まずい雰囲気が流れ、桑田さんだけがひとりはしゃいでいて、わたしは、最高級の和牛を砂を噛むような気持ちで一口ずつ喉に詰まらせながらいただき、その都度に超高級ワインで胃に流し込むという仕事を繰り返しました。思いがけずワインを飲みすぎたので、早々においとまして逃げるように自分の店へと戻ったのでした。

翌日。出勤すると、一週間も経たないのに神戸の社長こと渡辺さんが来店していると玄関で受け取った。その夜もまた託児所で時間を取られて、遅刻寸前にバタバタとタイムカードを押しました。身支度も終わらないままにレジ前で待ち構えていた専務からせっつかれ、背中を押されてフロアに出されたのです。着ていたのは紺のツイードのワンピースとジャケットのアンサンブル。急いでいたため、タクシーの支払いをした財布をバッグに入れずに、ジャケットのポケットに投げ込み、お店に駆け込んだものの、レジが混んでいてなかなか財布を預けられないでいました。横では専務が「早く早く」と、例の眉を八の字にした顔でうるさい。仕方なしに、再びジャケットのポケットに財布を突っ込んで十四番席に座りました。

「この洋服ええな。どこのや」

専務に急かされて汗だくになっていました。せかせかとジャケットを脱ぎ、タグが見えるように手渡します。

「シャネルか」

「うん」

「シャネル好きか？」

「わりと」

前回と同じく神戸の社長の隣に腰掛けました。すると神戸の社長こと渡辺さん、何を思ったか、わたしが脱いだジャケットのポッ検を始めたのです。「ポッ検」とは、小学校や中学校の風紀の時間に教師からやられたアレだ、ポケット検査のことです。

「わあ、止めてよ」

「なんやこれ」

取り出されたのは、ポケットに入れたままで忘れていた小さくて黒いビニールの財布だったのです。鰐皮の型押しがチープな様子を醸し出すもの。

「なんやこれって言われても。どっから見ても財布ですやん」

「おまえ、着てるもんはシャネルやエルメスで、こんな財布もってたらアカンやないか」

ケラケラ笑う。続けて財布の中身のチェックもされます。皆の前で止めてくれや。千円札が一枚と五百円玉一枚くらいしか入ってないはず。

「おまえ、シャネル着て千円しか持ってないんか！」

中身を確認した神戸の社長は大笑いしながらあたしに尋ねました。

「博打やってるんか」

「やってない。もうやめた」

「ほんまか。まだやってるんなら止めときや」

「違うってば。財布は別にあるの。でもあたし、買い物し過ぎた翌月は、戒めのためにこの安い財布に三千円だけ入れて出勤するって決めてるんですよ！」

神戸の社長はわたしの話をまったく聞いていなくて、笑ったままです。

「この財布、どこのや」

「どこのってほどのもんではないねん。百均って知ってます？　百円均一。そこで買った」

「いくらすんねん」

「いやだから、百円均一の店なんやから百円ですやんか」

「財布、俺が買うたるわ」

「マジ？　嬉しい。ありがとう」

「なんぼや」

「えっ？」

「おまえの欲しい財布なんぼすんねん」

「急に言われても……思いつきませんわ」

「なんぼや言うてんねん」

「えーいくらやろ」

「十万やるわ」

　セカンドバッグから財布を取り出し、そこからお金を引き抜きました。初対面の時にも感じたのですが、「神戸の社長」がセカンドバッグを持っていたのが意外だったし、きちんと黒いカーフの普通に上品なお財布にお金を入れていたのも驚きです。なんだろう、やくざの人というのはやっぱり鰐皮とかオーストリッチのマチのついたお財布で、お札を十万ごとに分けてびっしり詰めているか、あるいは裸で札束を持ち歩くイメージがあったのですが、実際、目の前にいたヤクザ社会の頂点にいる男は、想像とはまったく違ったのでした。

「わーい嬉しい、ありがとう」

　もらった十万円を半分に折り畳み、胸とブラの間に仕舞いました。

「なにしてんねん」

「なにが」

「早よう買うてこいよ」

「えっ、いま？」

「そうや」

「もう八時半やで、お店みんな終わりですよ。明日の昼に買いに行くわ」

「それはアカン」

「えっアカン？　何でアカンの。明日ちゃんと買うときますって」

「今日中でないとアカン」

「でも、こんな時間にどこもやってないよ」

「ここ北新地やろが。そこらにようけあるがな、真夜中までブランドもん売ってる店が」

「ほんまに行くの？」

「すぐ行ってこい」

「わかった」

言われたままに席を立ちました。小走りでレジのお姉さんに、「ちょっと出てきます」と声をかけて玄関へ向かうと専務がそこに立ち塞がったのです。

「ちょっとちょっとマリカちゃん、十四番に座ってるのにどこ行くの」

「財布を買いに」

「はぁ？　財布？　なに寝ぼけてんの、出たらアカンよ」

「でも、いますぐ買いに行って来いって」

「誰が？」

「神戸の社長が」

「アカンアカン、席に戻って。何いうてんねんアホか」

「アホかってなによ！」

と言い返すのも忘れて、わたしは慌てて十四番へ戻りました。

「なんやもう買うて来たんか。早いの」

「いや、まだ行ってないねん」

「何してんねん、早よう行かんかい」

「いま行こうとしたら、専務が席に戻れって」

「アカンアカン、いますぐ行って買ってこい」

「え、でも」

「早よう、早よう。行って来いって」

専務には席に戻れと言われ、神戸の社長には、何がなんでも今すぐ買って来いとせっつかれるし。どっちからもアカンアカンと怒られてどうしてよいか分からず、まごついていると、

「ええから！　ちょっと走って行って、買うて帰って来たらすぐやないか」

「わ、わかった」

再びレジ前まで走って行って、お姉さんに声をかけようとしたら、今度は由美子ママがレジの横に居て目が合いました。

「さっきからなにバタバタしてんのん、マリカは」

「神戸の社長が財布を買うたるから今すぐ行って来いって」

「マリカちゃん、まだいうてんの～」

専務が呆れた声でぼやく。

「明日にしいや財布なんて。神戸の社長が来てはるのに、今は店から出たらアカンで」

「で、でも、絶対にいま買って来いって」

泣きそうである。

「ほら見てみい。ママかてアカンっていうたやろう。ええからすぐに十四番に戻って」専務が由美子ママの指示（法律）に被せてきます。

そして、しぶしぶ神戸の社長の席へ戻ると、座らず、突っ立ったままで伝えました。

「なんかな……また行こうとしたら由美子ママがおって……『絶対に店から出たらアカン。すぐ席に戻りなさい』って」

「なんやて?」

「説明してんけど、明日にしなさいって怒られた」

神戸の社長がみるみる不機嫌な顔になっていきました。眉間に皺を寄せて、

「もう一回だけ行って由美子に『俺が　行けと　言うてるん　や』と伝えてみ」

静かな口調に変わった。ほらな、めっちゃ怒ってるやん。

「わかりました………」

また汗びっしょりになりながらレジへ。まるでコントである。由美子ママは再びわたしの姿を認めるなり、

「マリカ、しつこいで！　席に戻りって言うたやろ?」

と激しく咎めました。

「違うねんママ。神戸の社長が、『由美子に　俺が　行けと　言うてるん　や　と伝えろ』って」そのままの口調で伝えたところ、

「……ほんならボーッとしてやんとサッサと行きなさいや！　誰か男の子つけるわ。本通りにあるママのお客さんのブティックへ行き。早く早く」

それを聞いていた専務が、

「おぉい、ちょっと誰かついてったって～」

主任の松村くんと本通りのブティックへ急ぎました。ディスプレイを見るとエルメスとシャ

ネルしかありません。

「あっこれ可愛い。いくらですか？」

「十八万円です」

ぜんぜん足らんやん。

「すいません、これは？」

「十五万円です」

「十万円にならないですかね」

「それはちょっと……」

「ん～　どうしよう」

「マリカちゃんどうしたん？」

わたしの困った様子に事情を知らない松村くんが訊ねてきました。

「いやあのな、神戸の社長が来てるやん」

「神戸の社長？」

「うん、渡辺さん。十四番席の」

「ああ～　はいはい五代目な」

「しょぼい財布を持ってるの見られて、金やるから今すぐ買うて来いって」

「なるほど」

「でも、ここらで売ってる財布は十万円では買われへん」

それを聞いていたお店のひとが助け舟をくれました。

「予算は十万円なんですね」

「そうなんですよ」

「こちらのシャネルの財布なら十一万円でお渡しできますよ」

「一万円足らん。なんとか十万円にしてもらえませんか。あたし今日たまたまお金を持って来てないだけなんですよ。もしあれなら明日お金を持って来ますし」

「う〜んそれはちょっと」

「どうしても買って来いってお客さんに云われて、困ってるんです」

「わかりました。ただこの財布、日本の一万円札が入らないんです。それでも良ければ十万五千円で……」

「五千円〜　そこをなんとか十万円に〜」

「マリカちゃん、俺に五千円あるわ」松村くんから思いも寄らぬ親切が。

「えっいいの？　貸してくれる？　ありがとう！」

こうして『無駄使いを防ぐ為に一万円札を財布に入れ（られ）ない財布』を持つ、という当初の目的通りの財布で、しかもシャネルの製品を手に入れることが出来たのでした。


「買うてきたで！」

「おお、どんなんや」

「シャネル」

「ええがな」

「はいこれ領収書な」

「俺ら領収書は……」

「あっそうなん。それはそうとええから見て」

「ふむ」

「お金が足らんかったから値切った。それでも五千円足らなくて。店の男の子に借りてんで。はい十万五千円の領収書と……松村くんちょっと来て」

「あ、どうも松村です」緊張した面持ちの松村くんが、神戸の社長に気を付けをして深々と頭を下げる。

「この子がお金貸してくれてん」

「そうか、ありがとう」

ありがとうって言った！

渡辺さんは自分の財布から一万円を抜き出して松村くんに手渡しました。松村くんはその一万円札を両手で受け取り、

「わあすげえ。ありがとうございます。この一万円は一生使えません。マリカちゃん、ありがとう」

目をうるうるさせながら叩頭《こうとう》するようにお辞儀をしたのでした。

「渡辺さん、あたしもありがとうな、お財布」

神戸の社長にお礼を伝えると「ええことしたるから、さっきの財布かしてみ」といたずらっ子のようになりました。

「なにするん」

「お金入れたるわ」

えっほんま！　すごいすごい。日本で一番有名な神戸の会社の社長が財布を買ってくれて、おまけにお金を入れてくれるというのだから、さぞかし……嫌らしい期待をしたわたし。

「これを入れといたるな」

神戸の社長が小銭入れを持っていたのもさらなる驚きですが、渡辺さんがわたしに財布を買ってくれ、その新しい財布に入れてくれたのはなんと五円玉一枚！

「ええーーーーっ！　五円玉ひとつだけ？」

神戸の社長がにやにやしてる。

「なんやあ、ケチやなあ」

「はははは」

「お金入れたるっていうたら、普通はもう少し入れてくれるもんやろ。なんで五円玉一枚やねん、ガッカリや」

「ふふふ、その五円玉は使うなよ」

むろんその夜も神戸の社長は例の黒っぽい服装のオジサン群団と一緒でした。以前のメンバーとほとんど変わらないメンツが揃っていましたが、このときもヤクザ名鑑の上位五名くらいのお顔は見えないのでした。後に聞いた話だと、神戸の社長とその一家が「セラヴィ」に見えるのは、定例会と呼ばれる集まりや、祝い、葬式、そういう行事の後だったようでした。組織の中での役職は下でも、実際は叔父、兄貴としている方もいたそう。渡世の義理は分かりかねますが、恐らくそういう立場の方々は、渡辺さんのガードとして夜の街には登場しないのかも知れないと察しました。

神戸の社長こと渡辺さん、この日は前回よりも饒舌でした。

「俺な、趣味がふたつあんねん」

「なんですか」

「ひとつは蘭の花を育てること。自分の温室も持っとる」

「蘭を育ててるんですか。へえー」

「最初は俺も胡蝶蘭に始まったんやけどな、最終的に『これや!』っていう花をみつけたんや。それはな、カトレアや」

「日本では割とマイナーな花ですやんね」

「カトレア知ってるか?」

「聞いたことぐらいはある」

「みんな蘭といえば胡蝶蘭というやろ、それが違うねん。カトレアは洋蘭の女王と呼ばれていて……」

神戸の社長の姿は、どちらかというと、いや、どちらかといわないまでも強面です。その方の口から園芸が趣味だと、ましてや蘭の花が大好きだと聞けばやっぱり意外性を感じざるを得ません。よくは分からないが、それこそ裏社会の人間として生き、そこに座するまでにも様々な裏切りや命の奪い合いを目の当たりにしてきたであろう指定暴力団の頂点にいる立場のひとが、私生活において、おそらくひとりで温室に籠もり、弱々しくも可憐な命を種からもくもくと育て、開いた花を愛でる姿を想像すると、なんとも言えない気持ちになりました。

「あとな、自転車」

「自転車？　車じゃなくて？」

「自転車が好きや。ＢＭＷの自転車もあるし、ポルシェも持ってる。それからロードバイクな。ツールドフランス用のもあれば一輪車もあるで」

「一輪車？」

「そうや」

「乗れるん？」

「乗れるよ」

　一輪車。思わず笑ってしまいました。

「どこで？　乗る時間なんかあるん？」

「家の裏に山があってやな、そこで乗る」

「一人で？」

「それはない。前後に数人付く」

「その人らも自転車？」

「俺が乗る自転車によって車やったり徒歩やったり」

「歩きの人は大変やな」

「自転車に乗るのは早朝や夕方が多い。山で蝶を見つけてそのまま自転車で追いかけて行くこともあるんや」

「へえー」

「たまに我を忘れて藪へ突っ込んでしまう」

きらきらと輝く朝陽の中、あるいは夕暮れの赤い太陽を背に、おっきくていかつい神戸の社長が子どものように山で自転車を走らせ、無我夢中で蝶を追いかけている。そしてその周りを数人の若い衆が走りながら取り囲む。思い浮かべたらなんとも異様な光景ですが、詩的で、美しくもありました。なんだかいいな。わたしの横にいるのはほんとうに日本最大の暴力団の頂点に君臨している男の人なのだろうか。

「蝶もな、集めとった」

「標本な。生きてる蝶をピンで刺すんやろ、なんか可哀想や」

「それはそうやの」

「うん」

「綺麗な蝶を眺めていたらなあ、心が和むんや」

「そうなんや」

「おまえはどこに住んでんねん。近くか」

「え？　うん」

「そっち向いたまま番号だけ言うてみ」

「携帯の番号ですか？　名刺に書きましょか」

「いや、そうじゃなくて小さい声で数字だけ言うんや」

「名刺がダメなら、普通の紙に書きますよ」

「皆が見てるから書くな。紙は要らんのや、憶えるから」

「ええと、もし携帯電話を持ってはるならそこに登録しはったら」

「電話番号の登録はせえへん」

「そうなんや。じゃあどうやって電話連絡するるん？　電話帳とか持ち歩いてるん？」

「ここや、頭の中。ここにある」こめかみの辺りを指差した。

「頭の中？　ぜんぶ憶えてはるんですか！」

「憶えてる。今は五百八十六人分の電話番号が頭の中にある」

「五百人ぜんぶ？」

「五百人と違う。五百八十六人や。おまえで一人増えて五百八十七人」

「ほんまに？　スゴいな！」

記憶力に感嘆した。これが日本で一番有名な会社の社長の能力なのだ。

「もしも押収された際には証拠にされて、登録先に迷惑かけるかも知れんからの」

「ああ、そういうことなんや……」

素直に、さすがという気持ちが身体中をめぐりました。

「昔はもっと憶えられたんやが、もう限界や。トシやのう。おまえで最後やわ」

「その、限界量に達しようとしてる電話帳の最後に加えていただいて光栄やわ。どうもありがとう」


財布事件から三日と空けずに桑田兼吉さんが顔を見せてくれました。

「神戸のおやじが来てるんか」

『神戸のおやじ』とは紛れもなく渡辺五代目のことでした。わたしはホステスを始めたときから、お客さんの来店の有無は秘匿する、そう決めてきました。したがって、正直に返事をするのを少しばかり憚《はばか》りましたが、渡辺さんと桑田さんは同じ会社なのだから、ここで嘘をついても意味がないと考えました。

「いらっしゃってます」

「おまえが隣に座ったんか」

どうして知っているのだろう。

「はい、座りました」

「一回だけか」

「いや、二回です」

「二回とも？」

「はい」

「なんか聞かれたか」

電話番号を聞かれたことは伏せておいたほうが良さそうだと直感で判断したのです。

「いえ、別に」

「二回連続で座っとるんやな？」

「はい」

「ほなら電話番号を聞かれたやろ」

「電話番号は『まだ』聞かれてません」

「しやけど続けて二回座っとんやろ」

なぜか続けて座ったことに拘っておられました。それがどういうことを指すのか、この時はまったく想像できなかったのです。

「はい」

「おかしいな。電話番号は聞かれなかったんか……ほなら何か貰わんかったか？」

「貰ってません」

「時計とか、ライターとか」

「神戸の社長、いや渡辺さんのですか？」

「新品でも、おやじのでもや。何も貰ってない？」

財布を買ってもらったのは店の人間もお付きのひとも知っていました。腹パンチに続いて大騒ぎになったのですから、隠しようがないことです。

「ああ、そういえばお財布を買ってくれましたわ」

「財布！」

「はい。前回お見えになった時に」

「どういう流れで」

（こと細かく聞いてくるなあ）

「渡辺さんはあたしが着ていた洋服に興味を示されまして。ブランド名を聞かれたのでジャケットを脱いでお渡ししました。そしたらポケットの中に入れてあった財布を見とめられて。その日はたまたまなんですが、ビニール製の安い財布を持っていたので、その場でお金をくれ、今すぐ新しい財布を買いに行けと言われましたわ」

「ほんで?」

「ほんで、そこらへ走って買って来ました」

「その日に着てた洋服は?　どこのやってん」

「シャネルです」

「買うた財布は」

「シャネルでした」

「財布を買って、それからどうした。それで終わりか」

「お金を入れてくれはりました」

「いくらや」

「五円玉を一枚」

「それはマズいな。早うせんと」

「なにがマズいんですか?」

「何でもない。こっちの話や」


翌日の午後三時。どこでわたしの携帯電話の番号を知ったのか、桑田さんの秘書だと名乗るヤナガワさんという方から電話をもらいました。

「突然のお電話で驚かせてすいません。実は桑田から、『洋服でも見て来たらどうや』と言付かっています」

「洋服ですか？　このところ買い過ぎたので自制中で。しばらく買い物には行かないんですよ」

「いえ、そういう意味ではなくて、買い物に連れて行ってやってくれといわれています」

「どういうことですか？」

「親分から現金を預かっておりまして。好きなものを買ってくれという意味だと思います。私がお供させていただきますので」

「今日ですか」

「はい」

「今度じゃダメですか」

「今日でお願いできませんか。いまミナミです。ご住所をいただければお迎えに伺いますんで」

「いえ、結構です。わたしがミナミまで出ますわ。でも、起きたばかりなので、一時間くらいはかかりますよ」

「では、一時間後に。心斎橋のシャネル路面店前で待機しておりますので」

「わかりました」

丁寧な物云いでしたが、有無を言わせない感じに裏の顔を覗かせました。

電話を切ってからちょうど一時間で着きました。いかつい車で待っているのかと想像しておりましたが、白い国産のサルーンカーだったのが意外でした。大物ヤクザならではの細やかな気遣いだったのでしょうか。しかし、電話の相手のヤナガワさんは、迫力満点の面構えで、チャコールグレーのシックな高級スーツを着用していました。身長もそこそこあって、がっしりした体格の、いわゆるその筋のひと丸出しです。シャネルに入って物色しますと、ヤナガワさんがつかずはなれずの距離で付いてまわります。十分ほど見て回りましたが、欲しいものは何もなかったのでした。

「特に欲しいものがありません」

「では、隣の百貨店にあるエルメスへ行きましょう」

「……わかりました」

その店舗は普段でも自分で買い物する場所だったので、強い眼力のオジサンと一緒に訪ねると何て思われるのだろうか。想像すると気が重くなりました。

「あらマリカさん、いらっしゃいませ！」

担当者がわたしの顔を見つけ、黄色い声を弾ませ近づいてきました。

「よく来られるんですか」とヤナガワさん。余計な口を挟むなあ、詮索してこないで。と刺したいところでしたが、わたしが何も話さないから話題を見つけようとしてくれているだけで、悪気はないのだろう。単なる世間話と理解しました。

「欲しいものがないです」

「欲しいもの、何もないんですか？」

「ないです」

「女性ですから、何かあるでしょう」

「でも、ないんですよ」

「よく見て下さい、ひとつくらいはあるはずです」

「はあ……」

そう促され、再び目を凝らし、舐めるように店内を探し回っても、やっぱり欲しいものはこの日に限って何ひとつもないのです。

「ヤナガワさん、ありませんわ」

「困ります。何でもいいから、何か見つけてください！」

「と、いわれましても……。欲しくないものを買うのはお金がもったいない気がします。また今度にしてもらえませんか」

「それはダメです。今日じゃないと、私が親分に叱られます。お願いします、私を助けると思って、何か買って下さい！」

　かなり困っている様子だが懇願されてもね。どうしたものかと悩んでいましたら、ヤナガワさんが銀色に輝くアタッシュケースからお金を取り出し、わたしに見せました。札束が五つ。「預かっているお金です。今日はこれだけ使わないといけないんです」と。大金ならなおさら適当なものを買うのは気が引ける。

「これだけ使わないとっていわれてもなあ……」

「どこか違う店へ移動しますか」

「うーん、どうしましょ」

　わたしは、まったく欲しくもないものに何百万円も使うのは嫌なのです。たとえ身銭でなくとも。

「ちょっと親分に電話します」

「はい」

　ハンカチで額に垂れる汗をぬぐいながら電話をかけるヤナガワさんは、その日ずっと大汗をかいていました。

「はい、はい、ええ……わかりました、ちょっとお待ちください。あの、すいません、電話口に桑田が出ています」

「もしもし」

「ほんま変わった女やのう。欲しいもの、何もないんか」

「はい。何もないんですわ」

「怖がらんでええねんで」

「怖がってはいません。今日は買いたいものがないんです」

「さすがやのう」

電話の向こうで笑っておられる。何がさすがなのか。

「欲しいもんが見つからへんなら、金額を増やし」

「はあ」

「宝石とか、車とか」

「洋服とかじゃなくていいんですか」

「なんでもええよ」


どうしよう。なんでもええよといわれても、車は免許を持ってないし、宝石なんかは息子がまだ小さくて世話があるからつける機会がない。しかし、ゴルフ中の桑田さんがラウンドを終えるまでに何か買わねばならなかったのです。わたしのため、というか、むしろヤナガワさんのために。

　そういえば本町の輸入貿易の店にバッグがあったな。黒色のクロコのケリーバッグ。それならどうか。だがその店は、一般向けではない問屋なので閉店が十七時と早い。今は十六時半。心斎橋から本町ならなんとかなるか。しかし、広い船場センタービルを行くのにギリギリ間に合うかどうか。これからだと恰幅のいいヤナガワを走らせ、さらに大汗をかかせねばならない。

「ヤナガワさん、本町に一件だけ欲しいもんの心当たりがあるんですが、あと三十分で閉店です。走れますか?」

「いやあもう、何か買うてくれはるんならどこへでも行きますわ」

「じゃあ向かいましょう」

　船場センタービルは自宅近くにあるお散歩コースでした。松屋町堺筋方面の入り口から入って左側を行くより、堺筋方面の入り口から入って、右側を行く方が早いはず。

「ヤナガワさん、ヤバい。もう十六時五十分です」

　後ろを振り返ると、ヤナガワさんが大きな体を揺らして追いかけてきます。手にはハンカチと、現金を詰め込んだアタッシュケース。

「もうすぐです。ほら、あそこに見えてる星野貿易」

「わかりました。ハァッハァッハァッ」

たいそう息があがっている。返事をするのがやっとの様子でした。

「もうシャッターが半分閉まってますよ。急いで！」

「はい」

店の前に着くと、シャッターは半分以上も降りていました。一足先に到着したわたしはヤナガワさんに向かって叫びます。「ヤバいです、閉まりそう。先に入っときますね！」ほとんど降ろしているシャッターを強引にくぐり店内へ。すると、そばに居た眼鏡をかけてガリガリに痩せた店員がこちらを睨み、

「お客さん、もう閉店」

「えーーーーー　そんなあ！」

遅れてヤナガワさんが到着。上気した顔で、床の近くまで降りかけていたシャッターを、無遠慮にがしゃがしゃがしゃと天井まで押し上げました。

「まだ三分前です。お店開いてますやんか」

お目当ての黒いクロコのケリーバッグはまだそこにありました。値札を見たら二百八十万円。五百万円には届かないが、なんとかこれで許してもらおう。

「すいません、こちらのカバンをください！」

ガリガリ店員は、なかなか捌けない高額商品の在庫をお買い上げしてくれる客を歓迎してくれたのか、ヤナガワさんの強面にビビったのか知らないが、「すでに買うものが決まってはるんなら、まあ……」と、さっきのつれない返事とは打って変わる弱腰な態度に豹変しました。しかし、そんなことはどうでもいい。ホッとした様子のヤナガワさんが代金の支払いを済ませました。店員が包装を始めると、早速にもヤナガワさんは携帯電話を取り出しました。そうだ。報告する相手がいる。

「親分、なんとか買い物できましたわ！　いいえ、バッグです。クロコのケリーバッグを買われました。電話代わります」暇もなく大汗をかいているヤナガワさんが携帯電話を耳から外し、自分のシャツの袖で拭いてからわたしに差し出しました。

「もしもし」

「欲しいもんがあって良かったのう」

フォッフォッフォッフォッ

電話の向こうで桑田の親分は大笑いしている。こっちはどれだけ大変だったか。

「閉店時間ギリギリで間に合った。十年ぶりに走ったわ」

フォッフォッフォッフォッ

「ヤナガワもホッとしたことやろ。残ったお金は持って帰り」

「えっ、いいんですか！」

「いいよ。子どもに何か買うたり」

それから一週間後。またもや定時ギリギリに出勤すると神戸の社長が見えていました。その夜はいつもより少人数でした。とはいっても十人くらい。五代目は難しい顔をして、いつもと様子が違う。席に着くなりこう訊ねてきました。

「誰が来てんねん」

「ん、誰が来てんねんとは？」

「ワシらの身内の人間が別でここに来て、おまえを呼んだやろ」

いつもは俺といったのに、この夜は初めてワシと称されたのを耳にしました。どこまで話していいのか分からない。ですが、わたしには嘘をつかなきゃいけない理由などなかったし、嘘をついてもいけない気がしたのでした。

「誰や」

「あの方のことかな」

「誰や、言うてみ」

「桑田さんてひと」

「もう一緒にメシ行ったんか」

眉間に皺をよせて怖い顔です。話し声にも苛立つ気配がしました。

「行ってないです。前に来はったとき、静香さんの店には送っていった」

「隣か」

「うん」

「そうか。今日はもう帰るで」

一方的に告げるなり立ち上がった。

「えっそうなんですか。帰るん早いな」

「おまえ待っとんたんや。この後はアカラに行く」

アカラとはセラヴィ同様に華やかなクラブです。

「一緒に行っていい？」

神戸の社長の送りで出るならママはアカンとはいわんやろ。サボれると考えました。

「うーん」

「アカンの？　なんで」

「アカンとは言うてへんがな。遅れて十分ほど後から追いかけて来たらどうや」

「後からは無理やわ。いま一緒に出ないと、行ったらアカンって止められるもん」

「……俺から離れろよ」

「えっ？」

「ここからアカラまで直線で約五十メートル。角を曲がってからは約十五メートル。徒歩で行くが、絶対に俺から離れて歩けよ」

「わ、わかった」

いつものような手順で地下にあるセラヴィから地上に出ると、外に待機していた護衛が付きました。一般道路を五代目が徒歩で移動するのは珍しい。厳戒態勢で、黒いオジサンらが一メートル間隔で放射線状へと広がり、渡辺さんを中心に取り囲む。わたしは渡辺さんとその円陣の中にいました。数人でひとつの塊になったのです。アカラまでは通りをワンブロックでしたが、その道順を二メートル間隔で護衛が立っていました。北新地上通りのワンブロクは長い。遠く先の方まで護衛の姿が見えました。車の進入は角より向こう十メートル先まで塞き止められていて、通行する人々は、道の端を歩くように誘導されていたのです。異様な緊張感は漂っていましたが、護衛のオジサンたちは必要以上に威圧感を出さないようにしているのが肌に伝わってきていました。道行く人たちも、尋常でない雰囲気を感じ取っていたはずです。「一体誰がいてるん」と声に出す通行人もいました。

「絶対に俺から離れて歩けよ」と言い含められていたのに、わたしは逆らって、渡辺さんの真横にぴったり並んで移動しました。店を出た直後に一度だけ、「俺と離れて歩けと言うとんねん。危ないから。何かあったらどうするんや。子どもがおるんやぞ」と促されましたが、言うことを聞かなかったのです。何故なら、山口組々長の目線で護衛に囲まれながら一般道路を歩いてみたかったからです。こんな機会はそうそうないと思いました。「離れて歩け」には意味がありました。山口組々長は代々において命を狙われ、先代も殺されたと聞きました。渡辺さんの立場ともなれば、常にそういうことに気をつかって行動せねばならないのです。自分だけでなく、周りのひとの命を守るためにも。その、五代目の思いを無にしたカタチでしたが、真横にわたしがいても、それ以上は咎められませんでした。

アカラはセラヴィより一回りコンパクトなお店です。黒っぽいモダンインテリアで揃えたセラヴィも素敵でしたが、わたしはアカラのヨーロッパ調の内装が大好きだった。ガレのシャンデリアにランプ、藤田嗣治の洋画、お客のテーブルに上がるものはすべて洒落た陶器だったり、カトラリーひとつとって見ても意匠の凝らされたもので、北新地の住人にはアカラのことを西洋の間や西洋美術館と呼んでいる連中もいました。わたしと渡辺さんは、一段高い奥の部屋に案内されました。そこはいわゆるV・I・Pルームで、八人も座れば満席。女の子たちは全員が補助椅子に腰かけて仕事をせねばならない形態でありました。ところが、大勢いた護衛のひとたち、子分というのかな、その人たちが数人を除いてほとんどの姿が消えてしまっていたのです。必要なときには静かに現われて、そうじゃないときはいつのまにか姿を消す。誰一人として、一言もどうしろとか、こうしておけ、など行動の指示はしていないのに。

「親分が連れて来た女の子って誰やの」

「セラヴィの……」ステンドグラスのパーテーションの向こう側で、アカラのオーナーママと支配人のやり取りが聞こえていました。神戸の社長にも聞こえているであろう。アカラのママは十代から顔見知りでした。

「あらあら、マリカちゃんやったんかいな。また大きなひとと」

(大きなひとって表現よりは、セラヴィの、『日本で一番有名な会社の社長』のがセンスある)

「サボりに来てん」とわたし。

「ママ、最近あれらは来とんのか」と神戸の社長。

「はあはあはあはあ、あの方たちですか。長いことお見えになっていません」

『あれら』で誰か分かるのがスゴいな。誰のことか。しかし、情報交換するこの場で質問はご法度です。わたしが聞いてはいけないこと。知らなくて良いことなのです。

「最後に来たのはいつや」

「半年は経つでしょうねえ」

「ほんまか」

「ええ、ええ」

「ワシはいつぶりや」

「一年ぶりです」

「そうか。ほなら女の子はだいぶ入れ替わっとるな」

「何人かは新しい子が入ってます」

「その子ら、あっちつけたって」

護衛をしているお連れさんの方へ視線を送りました。

「ワシは手弁当持参やから。のう?」

軽い冗談だったのだろうがカチンときました。手弁当で悪かったな。せっかく機嫌良くしてるのに、わざわざそういうこと言わなくてもいいよね。

「それあたしのこと? そんなふうに紹介されたら、ここに座ってるのも悪いなあ」

「なにが悪いんや」

「手弁当はもう自分の店に戻るわ。他の女の子に座ってもらい」

「怒らんでもええがな」

「怒ってない」

「ほなら、もうちょっとおったらどうや。来たばっかりやで」

「いやや、もう帰る。日本で一番有名な神戸の社長の隣に座りたい女の子はようけおるやろからな。じゃあね」

V・I・Pルームから出るとき、一礼して退室しました。渡辺さんは仏頂面で、最後までわたしと目を合わせませんでした。この日は何故か最初から噛み合わなかったのです。


翌日、早朝から自宅で搾乳、朝食、掃除、洗濯、と忙しく動いていた。洗い終わった洗濯物を脱水にかける間に息子をベビーサークルから抱き上げる。

「おむつは大丈夫？　何か飲む？」

もうすぐ六ヶ月になろうとする息子。まだ言葉は理解していない。

「ぶー」

「ぶー？　おぶがいいの？　ジュース？」

抱っこしたまま、赤ちゃん用の林檎ジュースを湯冷ましの水で半分に薄めたものを用意し、膝に座らせた息子の口へ持って行く。

「ぶーぶー」

息子は小さな両手をいっぱいに伸ばしてプラスチックの容器を摑もうとします。わたしはその容器に手を添えたまま、おしゃぶりを口元に近づけ、唇を優しくつんつんして刺激を試みます。すると途端に息子は嬉しそうな笑顔なり、両手でしっかりと容器を支え、大きく口を開けて、おしゃぶりに吸い付くのです。赤ちゃんの握力はけっこう強くてバカにできない。いったん摑んだものを離させるのはたいへんでした。だから、哺乳瓶でも何でもプラスチック製のものなら大人が一緒に持っていてあげなくても大丈夫なのです。ミルクを飲み終え、哺乳瓶に飽きて自分で離してしまうまでは家事の続きが出来るのです。

同伴がないと割合ゆっくりできましたが、それでも赤ちゃんの世話をしながら夜の仕事に身を置くのは楽なものではないのです。朝早くに起きて家事や育児をこなし、毎日十七時までにはシャワーを終えてないと間に合わない。時計を見ると十四時になっていました。ああ、のんびりもしていられない。

ピーッ

脱水が終わった音。次は乾燥。洗濯物を取り出し、いったん部屋を出て、共同廊下を抜けた階段の踊り場にある物干まで移動しなければいけない。大きな洗濯かごを抱えて息子の横を通り過ぎると目が合った。リビングに敷いたラグの上で仰向けになったまま林檎ジュースを飲んでいる。目が合ったまま玄関へ。

「洗濯物を干してくるだけ。すぐ帰ってくるから」

どこまで理解しているのかわからないけれども、いつでも一声かけました。息子は騒がず、おしゃぶりに口をつけたまままわたしを見つめています。玄関脇の非常階段のドアを開けたらすぐのところに物干が置いてある。わたしが設置したのです。わたしたちの住まいはワンフロアに二戸しかないマンションでしたので、お隣さんと、階上に住んでいる家主さんの了解をもらえばだいたいのことは解決しました。部屋には乾燥機もありましたが、太陽の匂いのする洗濯物で育ててほしいという子どもの父親の要望を尊重し、移動を頑張ってでも天日でさらしたのでした。

ひととおり洗濯物を干し終えたら額から汗が滝のように伝ってきました。

部屋に戻ると、息子が仰向けになったままバブバブいいながら手足で空を掻いておりました。抱っこしてベビーサークルへ戻すと、キャッキャッとはしゃぎながら鈴の音が出るおもちゃで遊び出したのを見て、自然とわたしも笑顔になる。子どもが生まれるまでの孤独感に苛まれた日々が嘘のようでした。

ピンポーン

インターフォンが鳴りました。

「どちらさまですか」

「お届けものです」それは宅配業者でした。

「誰からですか？」

身寄りのないわたしには贈り物をくれる相手に心当たりがありません。

「ええーっと、兵庫県神戸市の山口さんって方からです」

「山口さん？」

「山口なにさんでしょう」

「『山口』としかありません」

芦屋の山口さんかな。どこかで子どもを生んだのを聞いたのか、それにしても十年以上も付き合いはないいし、住所も知らないはず。

玄関を開けましたが、配達員のお兄さんの姿が見えない。それもそのはず、文字通り荷物の山に隠れていたからでした。荷物の後方からひょっこりと顔を出し、「けっこう多いですよ」と苦笑い。

「なんですかこれは！」

「ぜんぶ北海道からです」

「うちにですか？　間違いじゃなくて？」

「こちらで合ってますよね」

伝票を確認してみましたが宛名は間違っていません。あまりの量に自分ひとりでは動かすことができず、お兄さんが数回に分けてリビングまで運ぶ手伝いをしてくれました。

「ありがとう」

ドアを閉めて振り返ると、天井まで届きそうな箱、箱、箱。山積みとはこのようなことを指すのです。

品物を一個ずつ確かめる。木箱に入った鮭が丸ごと五本、いくらが五十瓶、ウニが同じく五十瓶、蟹が三種類それぞれ十杯ずつ、マスクメロンが三十個……海苔、ワカメ、などなど、一般家庭の常識をはるかに越えた量でした。

ど～すんのこれ！　それにしても山口さんて誰だろう……

「あーーーーーーーーーっ」

大声に息子がギョッとします。

神戸の山口さんな！　分かったわ。でもどっちの山口さん？

「このまえ来たらおらんかったやないか」

渡辺さんが重い口調で咎めてきました。

「いつ?」

「先週の金曜日や」

「ああ、はいはい」

「子どもに何かあったんか」

「いや、すんごい量のお届けもんがあってな。それを捌いてたら、くたくたになって、お店休んだわ。そういえばあれ、神戸の山口さんからってなってたけど親分が?」

「いや、俺とちゃう。そんなんで休んだんか」

「じゃあ誰かな。北海道からやったけど。いやもう、すんごい量やったで。鮭が丸ごと五本とか、マスクメロン三十個とか。うち六ヶ月の赤ん坊とあたしだけやんか。とはいえ、ものすごくいい鮭みたいだったしさ、冷蔵庫に入らへんからって腐らせるわけにはいかへんもん。六時間くらいかかって必死に捌いたわ」

「……」

「それより、店に来てたんなら電話くれたらええのに。そしたら無理にでも出勤したで」

「おまえんとこの子、まだ六ヶ月なんか」

「うん」

「男か」

「そう！　なんで分かったん」

「俺はなんでも分かるねん」

「ええ勘してる」

「俺にもな、子どもがおるねん。おまえんとこよりもうちょっと大きい」

「えー　そうなんや」

「俺はこの道に入ったときから子どもはつくらんと決めとったんや。嫁はんにもずっとそう言うて聞かせてきた」

「そうなんや、なんで？」

「そりゃこんな稼業で生きてきとるわけやからの。人様の子を刃で傷つけとんのに、自分の子どもをつくるなんてことはおこがましいことやと思うとった。ワシの身にいつ何があるかも分からへんし、弱みをつくるのも嫌やったからの」

「そうなんや……」

　この言葉には、自分は人を殺めてきたからとか、そんな意味も含まれていたような気配がしていました。

「俺が死んでも嫁はんひとりだけならなんとか暮らせる。せやけど子どもがおったら可哀想やないか。女ひとりで子ども育てていかないかん。大変や。再婚も難しい。そう説き伏せて

きたんや。それがの、嫁はんも四十の声を聞いてからは、どうしても子どもが欲しいという
て聞かんようになってきて」
「ふんふん。それはまあ気持ちは分かるな」
「しかしまあ知っての通り、俺がこういう稼業やから反対したんや。この世に生まれて来て
も幸せになれんぞと」
「なんで。お金もあるし、大丈夫やろ」
「隠しきれるもんと違う。ヤクザの子どもというて苛《いじ》められるやろが」
「まあなー」
こう言うのが精一杯だった。『そんな差別に負けたらあかんやんか！』など、とても軽々し
くは口に出せませんでした。
「それを思うと二人とも不憫や。俺がどれだけ極悪非道な人間でも、嫁はんや子どもに罪は
ない。ましてや子どもに背負わせるのは心許ない。そういうてしばらく宥《なだ》めたんや。ブティッ
クさせてみたりしてな。子どものおらん寂しさを紛らわさせるようにしてみたんや。うちの
嫁はんも洋服が好きでなかなかのお洒落やからの」
「へえ、そうなんや。奥さんのブティックに行ってみたいわ」
「それはアカン」

「アカンの？」

「アカンわ」

「なんでよ、行ってみたかったのに」

「嫁はんは自分の店で好き勝手に楽しゅうしとるわ。そやけどまあ、俺にも今までかなり苦労させてきたという弱みはあるわな」

「奥さんのこと好きなんやね」

「まあもう長いからな。どうこういうのはないんやが、好きは好きや。信用できる。いい女や」

「ええな、そういうの」

「おまえ、ほんま変わった女やのう」

「普通やってば。ほんでとうとう子どもつくったんやね」

「そうや。もし苛められたら海外にも学校はあるいうてな、説得された」

「子ども可愛いやろ」

「可愛いなあ」

「息子？」

「娘や」

「よけい可愛いやんな。なんて呼ばれてるん、パパ？」

「ふふっ」

「照れんと教えてえや」

「それは内緒や」

「ははは。パパ照れてる」

「からかうな。それはそうと、神戸には美味しいステーキハウスが山ほどあるが、北新地やとロンてあるやろ。そこ行ったことあるか」

「ある。二、三回やけど」

「美味しいやろ」

「うーん、あんまり憶えてないけど美味しかったと思う」

「なんで憶えてないんや」

「めっちゃえらいお客さんの接待に駆り出されて緊張してたからかな」

「肉は好きか」

「大好き」

「俺と行ったら、ひと味もふた味も違う肉を出してくれるで。近いうち行くか」

「うん！」

数日後。深夜二十四時にさしかかろうとしていました。酔客が目当てのホステスとカラオケや食事にと誘う時間帯である。帰宅の早い者は帰り支度を始めていました。わたしもそろそろかと腰が浮いていたところ、新米のボーイから電話ですと知らされたのです。こんな時間に誰やろ。電話器横のレジにいた由美子ママが察して声をかけてきました。

「たぶん桑田さんやで」

「桑田さんかな。なんやろ?」もうじき閉店なのに、何の用か。見当がつかず顔をしかめる。

「それは分からん」

受話器をとった。

「お電話代わりました、マリカですが」

「おお、桑田や」

「こんばんは。この前はありがとうございました」

「お疲れさん。もう終わったやろ」

「あ、はい」

「今な、京都におんねん」

「はあ」

「今日は店に行かれへんねんけど、そっちに車回してるから。それ乗ってこっちおいで」

「今からですか?」

「そうや」

「急ですわ。あたし、子ども迎えに行かなアカンし」

桑田さんにはいつも不意打ちをくらう。自分のペースを持っていかれるのです。

「そういわんとちょっとだけ顔を出し。すぐ帰っていいから」

「わかりました。じゃあ少しだけ。でもほんまにすぐ帰りますよ」

電話を切ったら由美子ママが、

「桑田さんなんて?」

「京都におるって。店の前にベンツを横付けさせてるから、それ乗って今から来いって。断ったけど強引やわ」

「ええか、マリカ」

由美子ママが向き直って真面目な顔になりました。

「いっぺんだけ言うからよう聞きや。あの業界の人らから時計や洋服のプレゼントなんかはなんぼもらってもいい。けどな、現金で一千万円以上もらったら一回は付き合わんとあかんで」

「……豪快で面白い人らやとは思うけど、ヤクザと付き合ったことないから。怖いし。無理」

「だから向こうは好きなんや。あれくらいのクラスになったらな、ヤクザばっかり渡り歩くような女は要らんねん」

店を出ると、教えられた通り紺色のベンツが停まっていました。中には男の人が三人。スーツではなく長袖のポロシャツだとかそういった軽装であったと記憶します。ひとりが車から降りて押し黙ったまま後部座席のドアを開けてくれました。面識のない男性だったのですが、わたしの顔を知っていました。車の中に乗り込むと、運転手は静かに発進させました。乗ってすぐ、断固拒否しなかったことを後悔し始めました。高速道路の入り口付近になりやっと、

「これから京都へ向かいます」

と告げられたのです。ほんとうに京都へ行くのか、京都のどこまで連れて行かれるのか。不安でたまらなくなり、

「京都のどこに行くんですか？」

と訊ねてみましたが、誰も答えてくれません。長く重い沈黙のまま車は高速道路を降り、繁華街へ滑り込みました。ほどなくすると、ネオンが連なるビルの一角で車は急停車しました。バタンバタン、車のドアを開閉して運転手以外の男たちがいっせいに外へ飛び出しました。建物の前で待機していたと思しき仲間の男たちと何やら話しています。ひとりの男が手で「来い」というような合図を送ると、運転手が車外に出て車のドアを開けました。

「ここで降りてください」

ビルに到着するまで数人にガードされます。エレベーターは一階で停められていて、わたしが乗り込むと同時に同乗した男が階を示すボタンを押しました。護衛はビルの下に二人いて、エレベーターの前に一人、エレベーターの中に一人、と続きました。到着した階でエレベーターが開くと廊下ではなく、目に飛び込んできたのは半裸で踊る数人の刺青者たちだったのです。青い内装で広々とした店内に大勢の男の人たちがまさに宴会の真最中でありました。

「おお～　来てくれたか。遠いとこありがとうな」

「はい……」

桑田さんは笑顔で迎えてくれましたが、わたしの顔からは笑顔が失せていました。それもそのはず、店内の様子を見れば当然でした。

「今日はな、このメンバーで集まりがあったんやで」桑田さんが、わたしにはまったく無関係で無関心なことを屈託ない表情で伝えてくれるのです。

「そうなんですか……」

「お腹は空いてないか？」

「大丈夫です……」

お店に来てもらって会うぶんには、ヤクザ者と知った後でもそれほど違和感も嫌悪感もなかったのですが、外で、第三者を挟むと現実を知ることになります。

「会長な、踊り上手いねんで。祭りでよう踊った」

桑田さんの一人称は「会長」でした。そうわたしに耳打ちしてから席を立ち、軽やかなステップで、盛り上がる刺青のオジサンらの輪に混ざって行かれました。桑田さんは自分で得意とするだけあって確かに踊りが上手だったし、ずいぶん楽しそうにされていました。それから、何人もの上半身裸の侠客たちがマイクを持って唄い始めました。カラオケは、前川清の心も体も乾いた心にどうのこうのという曲で、しんみりした歌詞を好んで唄うヤクザの悲哀を垣間見ることができました。ヤクザってこんなにも寂しくて、可愛くて、無邪気なものなんだな。彼らの無防備な姿を目の当たりにしたら、途端に冷静になる自分がいました。

ひと踊りして席に戻った桑田さんに、「もうそろそろ行きますわ」と告げました。到着してから三十分ほどしか経過していません。冷たい対応に申し訳なかったのですが、慣れない雰囲気に我慢ができなかったのです。それより子どもが心配だし一刻も早く帰りたい。それを覚《さと》ったのかどうか、桑田さんは、

「そうか。気を付けてな。来た車で送ってもらい」

といってくれました。誘うのは強引なのですが、帰るのはあっさり許してくれるのでした。

「ご自宅まで？」

「はい」

どうして初対面の運転手がわたしの自宅を知っているのか。順番としては、先に託児所へ回って子どもを迎えに行ってから帰宅したかったのですが、いったん帰宅してからにしよう。直感的にそう判断しました。

往路に一時間強。復路に一時間強。合計約三時間の移動時間に滞在が三十分強。深夜十二時過ぎに店を出たが自宅マンションに到着したのは明け方の四時前になっていました。運転手がギアをパーキングに入れると、後部座席で隣に座っていた男が流れるように車から降りてドアを開ける。

「お疲れさまです」

「あっはい、どうも。お疲れさまです」

返事をして下車すると、次にトランクを開け、中から白い紙袋を取り出して恭しく手渡されました。

「これは、親分から子どもさんへお土産です」

渡された袋を見ると、大阪で有名な老舗セレクトショップのロゴが印刷されてありました。何度か買い物をしたことのあるこの店の袋は、ビニールコーティングが施されてあり、かなり丈夫な紙袋なのです。持ち手のところにプラスチックのスナップボタンがついてあって、開閉も自由でした。中身も見えないし、繰り返し使えるようになっている気の利いた仕掛けだったのです。

「またプレゼントですか。このまえしていただいたばかりなのに」

「お持ち帰りになってください」

「そうですか、わかりました」

礼を言って受け取ると、肩にずっしりきましたが、中身については深く考えませんでした。

部屋に戻って時計を見れば四時ちょうど。遅くなったが、子どもを迎えに行かねばならない。

ほっと一息ついてから着替えを済ませ、出かけようとしましたら、急にお土産にもらった紙袋が気になり開けてみました。

「なにこれ」

思わず声に出てしまった。中を覗くと、大量の現金が袋口までいっぱいに詰まっていました。

どうしよう！　怖くなり由美子ママに電話したのです。

「ママ、いま京都から帰ってきた」

「そうなん。早かったな」

「最初からすぐ帰りますと了承してもらってたから。それより！」

「どうしたん」

「帰りの車で渡されたお土産の紙袋の中にお金が入っててん」

「いくらあったん」

「ちゃんと見てないけども余裕で二千万はあるな」

「どうすんの」

「どうすんのって?」

「それ受け取ったら桑田さんと付き合わなあかんで」

「えー!」

「このことは二、三日うちには五代目、渡辺さんにも知れる。どっちと付き合うにしろ、断るにせよ、そろそろハッキリさせなアカンわ。あんた、子どもがまだ小さいんやしな、自分でよう考え」

電話は切れました。お金を返すにしても連絡先がわからない。どうしたらいいのか。

まったく対照的な二人。渡辺さんは思っていることや自分の気持ちを口にするのに慎重で、なかなか行動を起こさない。趣味についてとか、自分の哲学については話してくれることもあったが基本的に不器用な芸術家のよう。桑田さんは明るくて、積極的で、表現がストレート。話が早い。かゆい所に手が届く。一見オープンな性格のようだが自分の考えや私生活についての話は殆どしなかった。立場が違うので所作の違いは当たり前なのだろうが、お二人とも会話が楽しい魅力的な人だった。しかし、これまでヤクザと付き合ったことがない。どちらにするのかと迫られても、付き合うかどうかもすぐには決められない。どうしよう。そんなことを考えながら時間が過ぎていきました。

土曜の夜。休みでした。食事も済ませて、後は寝るだけというところ。突然に携帯電話が鳴りました。見知らぬ番号です。

「もしもし」

「そのままでお待ちください」

名乗らないで一方的に告げられたことで差出人に見当がついたのです。

「家におるんか」

やはり。桑田さん。

「ええ。いますよ」

「今から子どもちゃん預けておいで。会長がよく行くとこでワインを飲もう」

「これからですか？　もう寝る準備をしてますよ」

「大丈夫や。すっぴんで、ジーンズでええから。一時間後に迎えに行くわ」

「わかりました」

桑田さんが寄越すのはいつも違う車でした。そのときは何だったか、大きな黒塗りのベンツだったように思います。前後にも護衛のベンツが付きました。この夜に初めて桑田さんと同乗したのです。

車が湾岸道路を走る。

「築港へは来たことあるか」

「ありますよ。中学の友達の出身が市岡でしたから。朝潮橋、夕凪、よく遊びに来ましたわ」

「少年の頃の会長はこの辺りが遊び場やった。泳ぎが得意で大阪港で泳いだんやで」

「大阪港で泳いだんですか。よう泳ぐわ、汚いのに。あははは」

「おまえは変わってるのう」

「そうですか。別に変わってないですよ」

湾岸道路の夜景を見ながらドライブ。弾む会話。相手が山健組の親分という以外は普通のデートでした。ただこれも不思議なことに桑田さんは一度も運転手に行先を指示しなかった。こういうときは運転手にどこどこへ向かってくれとかその都度に伝えるものなのに。

「あれ見てみ。大きなビルやろ、新しく建った。知ってる?」「いえ、知りません」「来たことは」「ないです。初めて」車は真新しい立派な高層ビルの地下に滑り込んだ。ここに行きつけのバーがあるのか。

「着いたで」

車が到着すると、まず前後に付いていた護衛車の男たちが例のフォーメーションで素早く動く。巨大なビルの駐車場には誰も見当たらなくて、わたしたちだけでした。十人ほどの護衛にガードされながら追従する。いつものように先に待機していた男たちがエレベーター前にいて、わたしたちと一緒に乗り込む。ちょっと待って、ここってお店なの？　そう尋ねようとしたところに桑田さんが、

「バーは迷惑なるし、落ち着かへんから、いつも部屋で飲むねん」

そんなの聞いてない。緊張が走った。でも、確かに桑田さんは一言だって店ともバーとも言わなかった。

沈黙を押して高層階へ到着した。エレベーターのドアが開くと、今度は鍵を持った護衛が四名待機していました。フカフカの絨毯が敷かれた廊下を進みましたが、内心は針の上を歩くようでした。

部屋に入ると広々としたスイートルームで、リビングにはすでにシャンパンとワインが綺麗にセットしてあったのです。わたしの好きなクリスタルとシャトーマルゴーでした。一緒に飲んだことはなかったことから、わたしがどこかで話したのか、誰かに尋《き》いて調べたのだ

ろうか。こちらに伝えた覚えはなかったので、用意がいいなと感じたと同時に少し怖くなりました。

部屋に入るなり桑田さんは「そこに座ってゆっくりし」と、わたしにくつろぐよう声をかけてくれました。それから護衛の一人が桑田さんの上着を脱がせてクローゼットに掛け、次に二人がかりで桑田さんの着替えを手伝うのでした。シャツを脱がせて、ズボンを脱がせて、靴下も。まるで殿様でした。何もすることがない。わたしは、珍しい光景に目を見開いたまま立ち竦んでいました。その合間にもう一人がお風呂場へ直行しました。何をするのかと思えば、袖をたくし上げて風呂がまを洗い始めたのです。まくった腕や足からは刺青が見えました。そしてもう一人が冷えたクリスタルを抜栓《ばっせん》して、シュワシュワシュワと音を立てる泡をグラスに注ぎ、一度もわたしを見ずに「どうぞ」と手渡してきたのでした。お風呂場からは勢いよくバッシャーとお湯を浴びる音がします。

一杯目のクリスタルを飲み干すまえに、さすがの貫禄あるバスローブ姿を見せつけた桑田さんがリビングへと戻ってきました。「いいお湯やったわ、気持ちええで。入ればいいのに」「いや、大丈夫です」「風呂はさっき入ったもんな」「はい」

この展開はもしかして。もしかしたらもしかするよね。もう逃げられない。ママからも、どちらにするか早くハッキリさせろとせっつかれていた。なのに、決めかねて曖昧に放置していた自分が悪い。タイミング的に、桑田さんと今ここにいるのが縁なのかもしれない。この人のことを好きになれそうか？　自分に問いかけた。テーブルの上を見る。わざわざあたしのために好みのシャンパンやワインを用意してくれた。いつも子どものことを気にかけてくれる。わたしが好きなものを買ってくれたりも。北海道の贈り物もおそらく桑田さんだ。

「このまえ自宅に宅急便が届いてんけど」

「ああ、鮭な。美味かったやろ。希少品やで。子どもに食べさせたか？」

ああ、やっぱりそうだった。なんかもう難しいこと考えるのやめよう。ヤクザとかどうとか、そんなんどうでもいいわ。この人は良い人だ。これからきっと、今よりもっと好きになれるはず。

「せっかく用意したからワインも飲もか」護衛がマルゴーを抜いた。カチン。乾杯した。緊張もあってか、二杯ほど飲んだだけで酔いが回ってきた。はて、部屋の四隅にいる護衛はいつ部屋から出ていくのかしら。

「こっちおいで」

バスローブ姿の桑田さんが手を繋いできてベッドへ誘ってきました。

横に倒されて唇を吸われ、桑田さんがバスローブを脱ぐと、それはそれは惚れ惚れするほど見事な彫り物が現われました。

「ちょっと待って」

「どうしたん」

「ええと、あの人らは」

「あの人らって？」

「その四隅に立ってる人たちやん」

「ずっとおるで」

「ええっ？」

「あの人らはずっと一緒や」

「嘘やろ？」

「電気消したるから」

「無理無理、あかん。やめる」

「やめるっておまえ……ここまできて」

「誰が部屋の四隅に注目してる人がいたままでセックスができるの！」

「女の子らは皆んな平気やで。置物やと思うとき」

「はあ？　他の女のことなんか知らん。なら、その子ら呼んだらええやんか」

「そんな怒りなや。そのうち慣れるって」

「ごめん桑田さん。そのうち慣れるんか知らんけど、今日は無理や。心の準備がない。帰らせて」

「そうか、わかった。ほな一緒に出よう。送るわ」

口を噤《つぐ》んだまま支度を整えて車中へ。

「ほんま変わっとるな、おまえ。女の子は皆んな会長と一緒になりたがるで」

「変わってない。普通や。ところでひとつ聞きたいことがあるんですけど」

「なんや」

「あたしに子どもがおることについてはどう思ってるん。正直にいうて」

「ワシらは留守にすることが多いから、女の子に寂しい思いをさせる。でも、子どもがおる子は、世話をするのに忙しいから寂しくないやろ。ワシはもう子どもが出来んようにしてあるし、子持ちの女の子のほうがええねん。苦労してるから、そう簡単にフラフラせんしな。どうせなら、ひとりで子育てしてる女の子によくしてやったほうが世の中のためにもええやん。静香も子どもおるで。息子をアメリカでプロゴルファーにしたいというから、向こうにも家を買うてやったよ」


午後の陽だまり。いつものように洗濯ものを脱水にかける間に一息ついていました。息子を膝に置いて、テレビを視ながらのんびりと平和な午後を過ごしていると、テレビ画面に見知った男性の姿が映ったのです。

嘘やろ。自室へ携帯電話を取りに走りました。由美子ママに知らせな！

電話するが、まだ寝ているのか出ない。夕方あたりに再度かけると出てくれました。

「ママ、大変や。桑田さんがニュースに出てる！　東京で捕まったみたいやで」

「そうらしいなあ」

「報道では車内から拳銃が出たとかどうとか」

「とうぶん出てこられへんやろね」

「どうしようあのお金！　誰に返したらいいかな」

「返さんでええわ。誰に返すん」

「えっ？　でも桑田さんとは何もなかってんで。だから誰かがあのときの金を返せって取り立てに来るんちゃうの。『おいコラ、このまえの銭どうした』みたいなん。ヤクザのひとが。怖いわ」

「来えへんて。それどころちゃうやろ」

「ほんま、大丈夫かな……」

子どもの頭に鼻をくっつけて髪の毛の匂いを嗅ぐ。石けんの、清潔な匂い。

「そのお金はマリカがもらっとき」

「いいの？　じゃあそうする」

「あんたはほんまに運がええというか何というか」

「あたし運がええんかな。郵便貯金しとこ」

「どんなに良い人でも、所詮ヤクザはヤクザやからな。付き合ったらこういう問題に巻き込まれることもあるし、付き合わんにこしたほうがええに決まってる。お金だけもらえてあんたはラッキーや」

　それからしばらくテレビで山口組の報道が続きました。その後も、桑田さんの状況はワイドショーやニュースで知ることとなったのでした。

　案じた取り立てはやってこず、桑田さんの逮捕で忙しくなったのか、神戸の会社の方々は、渡辺さんを始めとして、半年後にわたしがセラヴィを辞めるまで誰一人として姿を見せませんでした。

　もらったお金は半分だけ使って、半分を子どものために貯金しました。

第二章　立ちんぼうのボス

「モナちゃんはね、元ヤクザのおかまちゃん。男に生まれたけど、女の人になったんだ」

父は五歳の娘にそう説明しました。大阪・黒門市場裏にある自宅兼仕事場で、宝石商をしていた両親のもとには、質のいい宝石を少しでも安く買いたいご婦人たちがひっきりなしに訪ねて来ました。

「オールナイトのママはね、全身にすっごい（刺青）のが入っているよ。大親分の愛人だ。いつか見せてもらいなさい」

「なぎさママは難波で地下カジノを経営してるんだよ」

父は子どものわたしにも、彼女たちを一人ずつ紹介しました。おかまのモナちゃんは、父の顧客のひとりでした。

記憶の中のモナちゃんは美しい人でした。日本人離れした顔立ちと骨格で、金色に染めた髪は真中で分け目をつけて、優雅なアップヘアに結い上げておりました。誰に似ているかと聞かれたら、断然、カトリーヌ・ドヌーヴです。だってその後に映画で観たドヌーヴはまさにモナちゃんそのものだったのですから。

父はモナちゃんとの交流を禁止しませんでした。初めの数回はモナちゃんに電話を入れ、遊びに行くと知らせたのですが、そのうち勝手に向かうようになっていました。

モナちゃんは島之内にある三ＬＤＫのマンションで、二十六歳のトクちゃんという年下のヤクザと同棲し、パピヨンという名前のヨークシャーテリアを飼っていました。いや、トクちゃんはヒモですから、ひとりと一匹を飼っていたということになるのでしょうか。

うちの父からはダイアモンドやルビー、エメラルド、パールといった宝石を次々に購入しており、部屋はそうした装飾品に加え、毛皮の敷物に繊細なレース、豪華な置き時計、ウエッジウッドのコーヒー・ソーサーなど、贅沢で優雅な高級品に埋もれていました。子どもの目にもずいぶん華やかで、気楽な暮らしに映りましたが、お勤めしているふうでもなし、昼も夜もパチンコ屋へ入り浸っていたし、かといって若い恋人のトクちゃんにお金があるようにも思えませんでした。労働している気配がまったくないのに、お金に困っているようには見えないのが謎でしたが、わたしの周囲に秘密のない大人などいませんでした。

夏休みのある日……モナちゃんの家にヨーロッパから帰国したばかりのミナちゃんという性転換美女がいました。モナちゃんの妹分らしく、ミナちゃんの青白い背中にも鮮やかな刺青が彫られ、黒い前髪を眉毛で切りそろえたボブカットにして、往年のモデル山口小夜子のような姿でした。

モロッコで女性器をつくったばかりでよほど嬉しかったらしく、初対面の挨拶代わりだったのでしょうか、「ねえ、見て見て！」とおもむろに黒いストッキングと下着を脱ぎ捨て、股をVの字におっ広げて出来たてほやほやの中身を見せてくれたのでした。

さすがにモナちゃんが慌てて「てめえ、子どもに何てもの見せてんだ。止めろ」と大声で制止しましたが、女性そのものを手に入れたばかりのミナちゃんは上機嫌で、おかまいなしでした。

山口小夜子似のミナちゃんともすぐ仲良くなり、いつしか上本町にある彼女のレディースマンションへ（どうして入居できていたのか分かりませんが）遊びに行くようになりました。

ミナちゃんは、お母さんやお姉さんが小さな娘や妹にするように、わたしに口紅を塗り、髪の毛をセットし、大人の真似事を体験させてくれました。ときおり心斎橋まで連れ出してくれ、可愛い文具や雑貨を買ってくれたり、純喫茶で甘味をご馳走してくれたりもしました。楽しくも華やかな遊びの合間には、彼女らの愚痴とも、悩みとも覚束ない告白を聞きました。

妖艶な美女ミナちゃんにはスポンサーといったかパトロンといったか、面倒をみてくれている紳士がいました。そのオジサンには妻子があって、立派な会社の重役でした。

「あたしにはパパがいるんだけどさ」

「パパ？　お父さん？」

「お父さんじゃないの。お父さんみたいなひとだけど」

「……？」

「年齢がお父さんくらい離れてる、生活の面倒をみてくれる恋人のことよ」

「パパってお金くれるひと？」

「そう」

「そのパパが好き？」

「すごい好き。でも、あたしには子どもが生めないからねえ」

「うん……」

「ねえ、あたしって綺麗でしょ？　スタイルもいいし」

「すっごい美人。おっぱいも大きいし！」

「キャー嬉しい！」

ミナちゃんに抱きしめられ、いい匂いのするふわふわの胸元に顔を埋めると、とても幸せな気持ちになりました。子どもながら、元気がなかったミナちゃんを慰めようと大袈裟に褒めた気もしますが、実際にミナちゃんは顔が小さく、切れ長の麗しい目を持っていたし、長身でスタイルが良かったのです。おっぱいも何度か触らせてもらったのですが（わたしが希望したわけではないけれど）、たっぷりとした乳房は柔らかく、人工とはいえ、それはそれは美しく素晴らしいものだった。

「それに、ミナちゃんは足も長くてきれい！」

五歳児に褒めちぎられたミナちゃんは、はにかんで、黒いストッキングに縁取られた艶かしい足を得意気に組み替えました。そんなミナちゃんがとても可愛く、愛おしかったのです。

「でもねえ……いくら綺麗でも、あんなに痛い思いをして女になっても、結局本物の女には勝てないのよ」

性的マイノリティやLGBTという言葉すらまだなく、おかまちゃん……今風にいえばトランスジェンダーへの理解も少ない時代です。ミナちゃんとパパとの関係はどこまでも秘め事であり、閉ざされた関係でした。そもそもパパには妻子がいるわけですから、日陰の女にしかなれないのです。パパはおかまちゃんも愛せる進歩的な男性だったのでしょうが、ミナちゃんは、突き詰めればとどのつまり、生物学的に自分は偽物の女でしかないと感じていたのです。大きな代償を払って身体にメスを入れ、人工的に女性器をつくったところで子宮は手に入りません。おかまちゃんに子どもは生めず､愛する男性との「かすがい」を持てないのですから。

パパの浮気相手が同じおかまだと、傷つくどころか、めらめらと闘志を燃やすミナちゃんでしたが、浮気相手が女だと狼狽えました。それに、最後には子どもができちゃったりするものですから、太刀打ちできないのです。ミナちゃんはとてつもなく傷つき、意気銷沈していました。尽くしても、尽くしても、パパを自分だけのものにできない。子どもを生める女に敵わないのでした。

五歳から今日まで、わたしは何十人ものおかまちゃんと接してきましたが、同じような問題で挫折し、傷ついた人がたくさんいました。何も生み出さない空っぽな穴と、失った男根を呪い、苦しみを乗り越えられず、自ら命を絶つ人もいます。彼女たちの絶望は、所詮わたしたちには分からないのかもしれませんが、何であれ死ぬよりはいい。そう願い言い切れるのは、わたしが女だからかも知れない。

ミナちゃんと最後に会ったのは彼女の部屋でした。

いつものようにアニメを観たり、ショッピングの成果を見せてもらったりしていると、レディースマンションの部屋に、突然、パパが入ってきました。ミナちゃんのパパは子ども（あたし）の存在に激しく動揺し、壁際を向いたまま「どうして子どもがいるんだ！　この部屋には誰も入れるなと言ってあるだろう！」と怒鳴り散らしました。ミナちゃんはオロオロしながら「この子は大丈夫よ～」と激高しているパパを腫れ物に触るような様子で必死に宥めました。

でもパパの怒りは収まらない。何も悪いことをしていないミナちゃんが「ごめんね、今日は帰ってくれる？」とすまなさそうにいうのが可哀想に感じました。内心、「パパのほうが出て行けばいいのに」と憎らしく思いましたが、わたしは、ミナちゃんがどれほどパパが好きか分かっていましたので、返事の代わりに小さく頷いて、ミナちゃんがわたしのために出してくれたお煎餅を一枚つまむと、壁を向いたまま仁王立ちしているパパの膝元をするりと抜け、玄関のドアノブに手をかけました。ミナちゃんを振り返ると、今にも泣き出しそうでした。

しばらくして、再びミナちゃんの家を訪れました。ところが、いくらインターフォンを押してもミナちゃんは出て来ません。翌日も、またその次の日も行って、何十回と鳴らしますが、まったく反応がないのです。気になって仕方がありません。一週間ほど通っていたら、ついに管理人さんが「ミナちゃんは引っ越して、ここにはもういない」と告げてきました。嫌な予感がして、どこへ行ったのかとしつこく食い下がったら、ようやく部屋で首を吊って死んでしまったと教えてくれたのです。

慌ててモナちゃんの家へ知らせに行きました。モナちゃんはすでに知っていました。モナちゃんはすすり泣くわたしの目を見て言いました。

「あの親父がミナを殺したんだよう。悔しいだろう。必ず仇を討ってやるからな!」

ミナちゃんが死んでしまってから、モナちゃんはしばらく元気がありませんでした。わたしは昔のように、モナちゃんの家で過ごすことが増えました。モナちゃんは忙しくてミナちゃんほどはかまってはくれないし、あちらこちらへ連れて行ってもくれませんが、その代わり、モナちゃんの家にはヨークシャーテリアのパピヨンがいました。わたしは犬が大好きで、モナちゃんが仲間と博打に興じていたり、パチンコ屋さんへ出かけて行っても、留守番をしながらパピヨンと遊ぶことができたのです。

　モナちゃんは、まったく料理をしませんでした。午前中から遊びに行った場合は、お昼ご飯を近くのうどん屋さんに注文してくれたり、見たこともない、アルミのお鍋に入った冷凍の鍋焼きうどんを食べさせてくれたりもしました。

　時にモナちゃんの彼氏、というかヒモのトクちゃんやヤクザ仲間が一緒で、彼らは花札をしながらパチンコでいくら勝ったとか、競馬がどうの、ポーカーがどうの、店の売上げがどうだったとか、そんな話をしていた記憶があります。

　モナちゃんの根城は、太陽の匂いが充満するわたしの自宅とはまるで違いました。わずかに差し込む太陽光は、紫煙と紺碧のカーテンに遮られ、妖しくも危険な香りが漂い、退廃を感じさせる魅力ある空間でした。

　ミナちゃんが死んでからどれくらい経ったころでしょうか。モナちゃんが小学校の校門前で待っていたことがありました。

「どうしたん？」

「日本橋《にっぽんばし》のブティックに白の可愛い木綿のドレスが飾ってあった。見に行こう」

「え、お金は？」

「ふふん、ミナのパパから巻き上げてやったのさ」

モナちゃんは鰐皮のハンドバッグから新聞紙を取り出してわたしに見せました。そこにはミナちゃんのパパの顔写真が載っていましたが、難しい言葉がたくさん書いてあって読めません。

「ざまあみろってんだ」


また別の日、下校してからどこへも行かず、自分の部屋で人形遊びをしていたら、誰かがわたしの部屋のドアをノックしました。

「ねえ、とんちゃんいる?」

モナちゃんの声でした。

わたしは、友達や父のもとへ宝石を買いにくるお客さんから「とんちゃん」と呼ばれていました。物心ついたときには親以外の皆んなにそう呼ばれていたと思います。おそらく大昔に流行った「とんとんとんからりんと隣組」という岡本太郎さんの父で作詞家の岡本一平氏の童謡からで、隣に住む中村くんのご両親が、わたしが通行すると「とんとんとんからりんと隣組!」と歌いながら挨拶してくれたのが発端だったと記憶しています。

「いてるよ」

返事をすると、モナちゃんは静かにドアを開いて入ってきました。

「社長にね、ダイアモンドのネックレスを見せてもらってた」

どうやら父と会っていたようです。

でも元気がありません。何やら様子が変でした。わたしは寝転がっていたベッドから起き上がり、モナちゃんが座れるスペースを空けると、モナちゃんは猫のように体を丸めて折れそうな腰を沈めました。

「話があんのよ。聞いて」

「どうしたん？」

「仕事でしばらく名古屋へ行っていたの。昨日の夜に帰ってきた。そしたらさ……」

「なになに」

「トクのやつが浮気してやがったのよ」

「ええっ！　家に誰かいたの？」

「いないのよ！」

「んん？　じゃあなんで浮気してるってわかったの？　モナちゃんの勘違いかもよ」

「勘違いじゃないのよ。しかも女なの」

モナちゃんは、大きな付けまつ毛の目に涙をいっぱい溜めています。

「なんで女ってわかるの？」

「だってトイレに！」

「トイレにどうしたん？」

「使用済みの生理用品が捨ててあったのよ！　おかまには絶対に必要のないものだもの！」

わたしは、生理用品が何か分かりませんでした。

「ああ、そうだよね。まだ知らないよね。血の付いたタンポン……女の人しか使わないものよ。よりによって女だなんて。わざとに違いない。あたしに対する挑戦だわ。きっと性悪な女よ！」

けたたましい罵詈雑言の嵐が続きました。

「あいつ、やっぱり女がいいんだわ」

涙ぐむモナちゃんは、ついに絶叫しました。

「どうしたらいいかしら。トクったら、なんだかんだいって子どもが欲しいのよね。やっぱりおかまじゃダメなのよ」

「そんなことないと思うよ」

「舐めやがって。あの野郎、ブッ殺してやる！」

泣いたり怒ったり、とうとうモナちゃんの目から涙がこぼれ落ちました。

「それで、トク兄ちゃんとはちゃんと話したん？」

わたしは話を逸らしました。まだ小学校へ上がったばかりでしたが、ミナちゃんのことがあったので、おかまちゃんにとって子どもが生めない悩みは切実で、彼女たちが心底負い目にしていることと知っていましたから。

「まだよ！　ティッシュちょうだい！」

わたしに向かって象牙色の長い指を差し出します。わたしは、勉強机の上に置いてあったポケットティッシュをモナちゃんに手渡しました。

「ありがと。あと鏡！」

「鏡？」

「手鏡！　女なんだから持ってるでしょ！」

引き出しから少女雑誌の付録についていた小さな手鏡を取り出して、涙に濡れるモナちゃんへと渡しました。モナちゃんは号泣していましたが、鏡を受け取るなり涙を止めて、アイラインを直し始めました。

――泣き顔も綺麗でいたいの――　女心です。

「トクね、問い詰めたら出て行っちゃったのよう」

思いつめる表情はミナちゃんのときと同じです。

「しばらくしたら帰ってくるよ」

あまり期待を持たせてはダメだ。さりげなく励まそう。誰に教わったわけでもないのに、そう肌で分かっていました。

「あいつ、タンポン女のところへ行ったのかしら。どう思う？」

モナちゃんはスンスンいいながらわたしを見つめて鼻をひと擤《か》みしました。〈よし、この様子なら、もう一歩で復活しそう！〉

「行ってないと思うよ」

「はあ～　ちょっと言い過ぎたかなあ～」

この日もモナちゃんは、よく手入れされた金髪を大きなアップヘアに作っていました。深い溜め息をひとつつき、頭を垂れると、ものすごく重そうに見えました。

「ねえ、とんちゃん、トクは戻ってくると思う？」

抱きかかえた膝に顎を乗せたまま上目遣いでわたしへと訴えかけます。わたしは、モナちゃんの真剣な眼差しを受け止めながらも、〈さっきの涙でアイラインが滲んでいない。綺麗なまだ、すごい〉と、まったく別のことに感心していました。

「必ず戻ってくるよ」

「そうね。戻って来たら言い過ぎたって謝るつもりよ」

「うん、仲直りできるよ」

三十五歳の元ヤクザのおかまちゃんは、六歳になったばかりの子ども相手に心をさらけ出し、人間らしさを剥き出しにして、真剣に悩みを打ち明けてくれました。

「ふう、聞いてくれてありがとね。帰るわ」

ひとしきり泣き、怒りして涙が乾いたモナちゃんは、大きな深呼吸をして時計を見ました。

「もしウチでトクに会っても今日のことは絶対に内緒よ」

「分かった」

わたしたちはベッドから立ち上がり、子ども部屋から出ました。モナちゃんは、豪奢な白いニットにベルボトムのデニムパンツを合わせ、ロンドンブーツで決めていました。大きな瞳に金髪のアップヘア、今日も洒落てててカッコいい！

先程まで泣いていた美女は、一歩外へ出ると颯爽と歩き始めました。そして、五歩ほど進むと思い出したように振り返り、一瞬だけ不安気な表情になって人差し指を唇にあてました。

「絶対にいっちゃダメよ。二人の秘密だからね」

「大丈夫、誰にもいわない」

モナちゃんは最後にもう一度だけ念押しして去って行きました。

結局、小一時間ほどわたしの部屋で話していたでしょうか。父からは、数人ものヤクザを相手に刃傷沙汰の大立ち回りをやらかすほど凶暴だと聞いていたのですが、この時はとても可愛らしく感じました。

それからすぐ、わたしは絵画やスケートに夢中になり、週末にモナちゃんの妖しくも麗しい淫靡《いんび》な部屋を訪ねることもなくなりました。

数年後、十三歳に成長したわたしは、身長が一六八センチメートルにもなり、もともと大人っぽい雰囲気も手伝って、十九歳くらいには見えていただろうと思います。お化粧にも興味が出始めたころですから、目元にちょっとアイラインを引いて、口紅を塗ってしまえば夜の街にも溶け込めました。

あの夜も家から抜け出し、ミナミへ出ようとしていました。

黒門市場と難波を結ぶ千日通りは、黒門市場の堺筋側から難波方面間の三百メートルほどを指します。昼間は市場への買い物客も利用する賑やかな通りとなりますが、夜間は空気が一転します。現在はソープランドと呼び名を変えましたが、当時はトルコ風呂で名が通っていた風俗店の呼び子さんや、サンドウィッチマンのおじさんばかりでなく、夜が更けると「立ちんぼう」と呼ばれるおかまの街娼がずらり立ち並んでいることでも知られていました。

「おまえ！　ちょっと待ちな」

男とも女のとも区別のつかない独特のしゃがれ声には聞き覚えがありました。

「モナちゃん！」

「あらやっぱり。久しぶりじゃない、大きくなって」

「モナコママ、この娘だあれ～？」

どうみてもカツラのアフロヘアに、瞼を真青に塗ったおかまちゃんが近寄って来ました。

「この娘は市場の裏の、ほら、あの社長のとこの子だよ」

「いやん可愛いじゃな～い。いくつぅ？」

七三分けに和装のゲイボーイもいました。わたしを見て、内股で身を捩《よじ》ります。

「あらやだ～　おませ～　お化粧してるじゃな～い」

「アンタの娘もこれくらいになるのかしらね～」

「うるさいわよバカ」

「お化粧じょうずね～　誰に教えてもらったの～」

気がつけば七～八人のおかまちゃんに囲まれていました。

「うるせえ！　おめえら喧《やかま》しいんだ！　知らねえおかまが寄ってたかって騒いだら怖がるじゃねえか。ちょっと黙れい!!!」

モナちゃんがヤクザのような啖呵を切りました。ヤクザ渡世を齧《かじ》った際は、神奈川県に本部のある大きなヤクザ組織の身内だったとか。関東弁のイントネーションでした。

「こんな時間にどこへ行くの？」

もう二十三時をとうに過ぎています。十三歳の子どもが歩き回る時間帯ではありません。

「ミナミ」

「ミナミって、ここがミナミよ」

「……」

お金がないので行ける場所は決まっていました。ディスコなら、若い女は無料で遊べるのです。でも、正直に言うと父に伝わるのではないか……わたしは返事に困りました。

「ママ（わたしの実母。皆んながそう呼んでいた）が死んでしまってから、新しいお継母さんが来たんだってね」

久しぶりに会ったモナちゃんに家庭の事情を打ち明けられるわけもなく、わたしは黙り込んでしまいました。

「おうおう、それで行き先はどこだい。ディスコなのか！」

モナちゃんがべらんめぇの男口調で話しかけてきたら正直に話していいときです。というか話すべき場面なのです。上手くは説明できないけど、なんせ大丈夫。じゃあ言っちゃおう。

「うん……」

「マハラジャか？」

「そう」

「そういうことなら小遣いやるわ」

モナちゃんはエナメルのハンドバッグから鰐皮の分厚い財布を取り出し、五千円札を一枚抜くと、丁寧に折り畳んでわたしの手の中に持たせてくれました。

「子どもに大金は良くないからよ、これだけ持って行きな」

「もらっていいの？」

「変な男もいるから気をつけなさいよ。怖いことがあったらすぐに交番へ駆け込みな」

もう女言葉に戻っていました。

「ありがとう」

丁寧にお礼を言って別れました。

それ以降、千日通りでモナちゃんを見かけることはなくなりました。

三十七年後……わたしには様々な性別や性癖の友人がたくさんできました。ほぼ異性愛者のわたしが彼・彼女らのメンタリティを自然に理解し、親しめるのは、柔軟な精神を持った両親のおかげと、幼きころにモナちゃん、ミナちゃんとの出会いがあったからに相違ありません。

四十四歳で出したデビュー本がぼちぼち売れた数ヶ月後、わたしは久しぶりに大阪へ帰省しました。十年前、自分の半生を書き溜めた原稿用紙とわずかな手荷物しか持たず、逃げるようにして上京したわたしでしたから、凱旋する気持ちで地元ミナミへ戻ったのです。

夜の街は変わらずで、歓迎してくれる新旧の友人がいるのは幸せでした。酔っぱらったわたしはいつものように、あちらへこちらへとミナミの街を徘徊しました。そして古いビルの二階にある、話上手なニューハーフの店を思い出し、木製の白い扉を勢いよく開けたのでした。

「リカ子、いてるか〜」

真夜中すぎ、ときどきオッサンなわたし。

「いや〜んちょっとぉ〜、お久しぶりで〜」

事実、ずいぶんご無沙汰でした。五十歳を過ぎたはずのリカ子ママは、乳白色の美肌が眩しかった。店には珍しくわたししか見当たりません。

シャンパンを頼んで乾杯し、酔っぱらいの相手をしてもらっているうち、お互いの生い立ちの話になりました。

リカ子は不和のない家庭に生まれ育ち、過去から現在に至るまで両親とぶつかったことがなく、大学へも行って、生まれた性に対する大きな苦悩や葛藤もなく、ごく自然に周りの理解を得て適齢期に性転換を済ませ、その後も悩んだことがないという至極ヘルシーで恵まれたニューハーフでした。わたしは、五歳ころに初めて関わったおかまちゃん「モナちゃん」との昔話を酒の肴にしようと披露しました。

「えーーーーーっ。もしかして、あのモナコママですか」

「知ってるん？」

「知ってるもなにも、大変に有名なお方ですよ。この業界のボスです、大ボス。言ってみれば山口組の組長みたいな（笑）」

「そうなん！　そんな大物なら別人かもしれない。それに、年齢を考えればもう亡くなってるかも」

「いいえ、モナコママっていったら一人しかいらっしゃいません」

「年齢的に合うかな……ああそうか……当時あたしは五歳だったもんね。そのときモナちゃんは三十五歳だった」

「でっしょ〜。それから四十五年経過して八十歳。五歳サバを読んでいたとして八十五歳。ぴったりですやん」

「金髪のアップヘアで、全身すっごい刺青よ？」

「日本橋に住んでて、パチンコ好きな？」

「あ〜　間違いないわ」

「間違いなくモナコママです。大阪中の立ちんぼうのボス、おかまの親分、ご健在ですよ〜」

約半世紀の時を経て、ようやくモナちゃんの謎が判明しました。

モナちゃんは、大阪のお初天神通りや堂山町、法善寺や千日前といった、キタやミナミの歓楽街にいる立ちんぼうたちのボスであり、総元締めだったのです。ヤクザ相手の揉め事はもちろん、地元民とのいざこざ、おかまバーでのトラブル、警察との掛け合いや裏取引など、大阪中のおかまちゃんが関わるトラブルは全部モナちゃんが引き受けていて、いわゆるみかじめ料をもらい、監督していたのです。どおりで働いている様子もないのに、贅沢な暮らしができていたはずです。

「生きているなら会ってみたいなあ」

リカ子ママは、すぐさまおかまのネットワークを駆使してくれ、十分もしないうちに連絡が付いたのでした。

「もしもし、モナコママですか？　ミナミのリカ子と申します。◯◯さんからお電話番号を頂戴しました。先だっては……ええ……◯◯ママに……はい……お陰様で。それはもうちゃんとお伝えしてありますので……」

おかまの世界でも、上下関係は大変そうでした。

「おほほほほ……ありがとうございます～。ああそうだ、それで本題なんですけれども、ただいま横に（中略）マリカさん、どうぞ。お電話モナコママです。憶えていらっしゃるそうですよ」

「もしもしモナちゃん？」

「○▲□△？？？」

三十七年経っても声は変わらず、魅力的なハスキーボイスが聞こえました。このしゃがれ声、懐かしい。間違いない。モナちゃんだ。

「あたしあたし。分かる？　分かるよね？」

「●△■△……」

齢八十五歳も過ぎると記憶も行ったり来たり。途切れたりもするのであろうか。

「ほら、黒門市場裏の宝石屋の娘。トク兄ちゃんによく遊んでもらってた。最後に会ったのは千日通りで、モナちゃんあたしに五千円くれたのよ。憶えてない？」

「…………」

長い沈黙。受話器の向こうから静けさが伝わってきます。これまでの記憶を順繰り、頭の中で少しずつ遡っていたのかもしれません。ならば時間がかかってもいい。最後に会った三十七年前まで行って欲しい！　頼む！　思い出せ！

「あぁ〜、とんちゃん！」

「そうそう、とんちゃん！」

「とんこちゃん」

「そうよ！　憶えてくれてて嬉しい～」

　モナちゃんは、わたしを子供時代の愛称で呼びました。横で聞いていて安心したのか、リカ子ママは眉をよせて泣きそうでした。

「ずいぶん久しぶりだけど元気？」

「なんとか元気よ」

　それからのモナちゃんは、凄まじい早口であれこれ矢継ぎ早に話しました。正直、憶えのない話も混じっていたのですが、訂正したりせず、うんうんそうねと頷きました。わたしの父や母の思い出話もしてくれたのです。もうこの大阪で、いや、この世界で、両親のことを語れる相手はモナちゃんしかいません。可愛いお祖母ちゃんに再会したような、センチメンタルな気分でした。

「もうね、今さっきお薬飲んだから寝る。またね」

「はあい、またね。おやすみ」

「明日は麻雀」

「そうなんや。楽しんでな」

「おう、それより次はタバコを忘れるなよ。ブランデーもな」

　いきなりの男言葉を聞いて、懐かしさに目の奥が熱くなりました。

「わかったよ。ショートホープにカミュね、お土産に」

「そうそう。よく分かってんじゃん」

「それまで元気でおってや！」

ツーツーツーツー
最後の言葉を聞かずに電話は一方的に切れました。

華奢な見た目と裏腹に、ドレスを脱げば色つき素肌。酒と煙草と博打が三度の飯より大好きで、時に威勢のいい男言葉が混じる美女、モナコ姐・推定八十五歳。せっかちな気性はまるで変わっていません。

「モナコママ、お変わりなくお元気そうで何よりでしたわ」

「酒に煙草に刺青に睡眠薬。身体に悪いことしかしてないのにね」

「あの分じゃ百歳まで生きてくれそう」

「そうやね。長寿のおかまちゃんとしてギネスに載るかも」

嬉しくてまた祝杯をあげたくなりました。

「モナコママに！」

「立ちんぼうのボスに！」

二本目のシャンパンを開け、乾杯しました。

第三章 マルサの事件

「伊丹十三がマリカを探してる。会いたいって言ってきてるよ」

「誰それ」

「映画監督やん」

「なんで？」

「伊藤さんの件で取材したいって」

「いやええわ。断って」

初めに連絡をくれたのは北新地のピアジェというクラブのママでした。当初、わたしはもうこの件に関わるのはご免だったのです。


これから書き起こす事件は、わたしが十三歳から十四歳のときに大阪の街を彷徨った約一年間にあった出来事でした。

実母が亡くなってから、父の再婚をキッカケに自宅を追い出されてしまって、その日暮らしのストリートチルドレンを経験しているまっただなかでした。いつまでやっていたかの期間で言うと逮捕されるまでです。年数なら一年くらいにはなっていたでしょうか。では、一年のうち実際にどこでどうやって過ごしていたかと申しますと、工事現場やマンションの踊り場、ビルの屋上などで寝泊まりしたのが七割くらい。後の三割のうち二割がディスコで知り合った男女の家やホテルを泊まり歩くとかをして、最後の一割が今でも忘れないシャンテール内本町というマンションの一二〇二号室でした。思えば、上原潤子ママや伊藤義文管長との出会いも、逮捕されることになったのも、新聞沙汰になるのも、事件が映画化されてしまったのも、たった二ヶ月も住んでいたかどうかのここシャンテール内本町さえ借りなければ、とこれを綴りながら悔やんでいます。

家を出されて行く宛もなく、ディスコで知り合った大人の友達の家を泊まり歩き、何とかその日その日を凌いでいました。男の人に付いて行って怖い目に遭ったことは一度や二度ではありません。一度はどこで知り合ったか、街で会ったに違いないのですが、メガネを掛けた小柄な自称カメラマンという男に、「お金を払うので写真のモデルになってくれないか」と頼まれて付いて行ったことがありました。最初は服を着たままで何枚かポラロイドを撮っていたのですが、衣装を用意してあるので着替えて欲しいと要求してきたのです。着替えるとは聞いていないと不服を申し伝えましたが、衣装チェンジをしないとギャラは支払わないと言われてしまい、ここまできたらやるしかない、わたしは今日を生きるお金が欲しい、と仕方なく了承しました。衣装はこの部屋で着替えてくれと通されたのが物置のような狭い和室でした。男に和箪笥の引き出しから引っ張り出した衣装というのを手渡されて、見ると、黄色のビキニの他にも、一見して変な衣装ばかりなのでした。それを着ろと強要されたのです。さすがに嫌だと断ると、馬乗りになって手錠をかけられてしまったのです。逃げなければと、男に続いて襖を開けて出ようとしたら、つっかえ棒かなにかでしょうか、ロックをされて開かないのです。小一時間は粘ったのですが、襖はまったく動かない。しばらく監禁されてしまって諦めました。水着の着用を了承すると、襖は開いて手錠が外されたのでした。監禁された部屋で水着姿のわたしを写真に収めたら男がわたしに近寄ってきました。腕を掴まれたので振り払うと首を絞められました。咄嗟に突き飛ばして、そばにあった荷物を掴んで逃げました。今これを書きながら思い出してゾッとしています。よく生きて帰ってこれたなって。無我夢中で、どうやってその家から出られたのかまでは記憶にありません。

ある日はお腹がペコペコでしばらく橋の欄干に佇んでおりました。そこへ、一台の外車がわたしの目の前で停車しました。運転席の窓が開き、

「お寿司食べに行かへんか、心配しなくてええ。二時間ほど前に通った時も、そこにいてたがな。寿司は要らんか。ほなら焼肉にするか。食べさせたるから車に乗り。お腹が空いてるんやろう」

迷いましたが、焼肉の一言で心が動かされてしまったのです。いざとなれば逃げればいいかと。助手席から運転する男の様子をよく見れば、袖口からは刺青らしきものがのぞき、足

元には拳銃のようなものまで。「金魚、やったことあるか」などと聞いてきまして。金魚とは明らかに隠語でした。それが何だか分からなくてもヤバい薬物のように感じました。そうこうするうち、その車は高速道路に乗ったのです。このままでは殺されるかも知れない。身の危険を感じたわたしは、「逃げるなら今しかない」と、乗り継ぎの料金所で速度が落ちた車から飛び降りたのです。料金所の手前でなく、通過した後で。後続の車に轢かれたらどうしようなどと考えていたら怖くて動けませんでした。一か八か転げ落ちている間は目を閉じて、トラックに轢かれないよう祈っていましたが、本当の恐怖は、高速でぶんぶん向かってくる車間を縫って逆走しながら一般道路へ降りることでした。車が途切れたら全速力で走り、ヘッドライトが近づいてきたら道路端の縁石に飛び乗りました。両手を広げ、顔も壁にひっつけて、すごいスピードで車が通り過ぎるのを待ちました。これを出口まで何度か繰り返してなんとか生き延びたのです。

　気がつけば誕生日を迎えて十四歳になっていました。いい加減こんな暮らしに疲れてしまい、スカウトされていた高級クラブ「アクティブ」と契約をすることにしたのです。幼少から男に酌をするなと両親に言い付けられて育っていました。しかし、お金がないばかりに住むところも食べ物もなく、危険な目にも遭うのです。今日を生きるために親の教えを守る余裕はなかった。わたしが未成年だということは有名で、街の人間は皆んな知っていましたが、そのリスクを負っても雇いたかったのでしょう。学校へ行きたい、漫画を読みたい、お腹いっぱい食べたい、と考えることすらなかったです。この時分のわたしには贅沢品でした。それを想像する余裕もありませんでしたし。

「安全な自分の居場所」の代償として、ミナミにあったクラブへ二百万円の日数契約と百万円の支度金で合計三百万円の前借り契約を交わしたのでした。なぜ十四歳のわたしが契約できたかと聞かれましても、契約書は正式なものでしたし、三文判ではありましたが捺印もしましたし、そういう時代だったからとしか答えようがないです。保証人にはディスコで知り合った理香が同居と引き換えになってくれました。今で言うところのシェアってやつです。こうして借りたのが先述したシャンテール内本町一二〇二号室だったのでした。自分だけの安全なスペース、清潔で真新しいお布団についた夜は二十時間ほど寝入ってしまいました。しかしここが安息の場所になることはありませんでした。まだ子どもだったこともあったでしょうが、まずホステスという仕事をよく理解していませんでしたし、もし理解していたとしても熱心にはやれなかったと思います。わたしは十四歳ではあったけれど、街で噂の女でしたので、ホステスから虐められたりして店に行きたくなくなってしまったのです。とはいえ、契約金を受け取っているわけです。分別のついた大人なら出勤するのでしょうが、わたしは虐めが怖くて嫌になっていました。そうすると店側は出勤しないなら契約違反で金を返せとなります。でも怖くて出勤できない。同居予定だった保証人の理香は、マンションを借りてから一度も姿を見せず、行方不明になってしまいましたので、事実上、わたしが一人で住んでいたのでした。真夜中に、こっそり荷物を取りに行ったら待ち構えていたスタッフに捕まってしまいました。

それから三日間はお風呂場やお手洗いにも見張りがついて、完全なる軟禁状態となりました。理香の実家へも連れて行かれましたが、関係ないと家族に門前払いされてしまいました。

「飛田か千日通りに送ったらどうや」

わたしはその会話に凍りつきました。実家はミナミのはずれ。目と鼻の先にある千日通りというのが何を指しているのか分かったからなのでした。彼らはわたしをソープに売る話をしているのです。

この歳で、そんな苦界に身を沈めるのか

嫌だ。でもどうしようもない。絶体絶命。

ふと、父の応接間から持ち出した名刺を思い出し彼らに見せてみました。

「おまえ誰や」

「なんでこいつ、こんな大物の名刺を持ってるねん」

ヒソヒソ話を始めました。

わたしが持っていた名刺には金色の菱形のマークに、

「山健組　山本健一」

と記されていたのでした。わたしが幼少期から山本のおっちゃんと呼んでいた父の友人です。そのたった一枚の名刺が、危機一髪でわたしを救ったのでした。

山本のおっちゃんは十四歳の幼気なわたしを救いました。ヤクザもこんな時は役に立つのだなあという感想を持ったのを忘れません。


ソープ行きは免れ、借金を肩代わりする店を探せということになりました。以前から何度もスカウトしてくれていた老舗の「ラ・ヴェール」の堤さんというミナミの黒服の帝王のような存在に相談することにしました。堤さんは物静かで温和で、事情を話したら引き受けてくれたのです。しかし、この面接を横で見ていた上原潤子ママが堤さんの離席中にわたしへ声をかけてきました。

「面接中よね。お店探してるなら私にも話をさせて。うちも新しい店をオープンするから。喫茶葡萄屋で待ってる」こう言って二万円を握らせてくれたのです。

ひとまず堤さんが肩代わりの話を引き受けてくれたので、ようやく五日ぶりにアクティブの軟禁から解放されました。

指定された喫茶葡萄屋へ行くと、二万円をくれたおばさんが待っていました。名前は上原潤子。彼女こそがわたしの運命を何度も何度も変えた女性でした。

「もう大丈夫。アクティブとは話をつけてきたから。お金も全額支払って、堤さんにも仁義を通してきたで」

この段階では所有権が変わっただけでしたが、潤子ママは、行き場のないわたしを自宅へ引き取ってくれたのでした。豪華な家具、清潔な部屋、お手伝いさん、温かいごはん、いい匂いのシャンプーに華やかな装身具と、かつてわたしがいた場所にあったすべてが潤子ママの家にありました。潤子ママとは、ここから彼女が亡くなるまで付いたり離れたり十年強の関わりとなりました。利用されたり、助けられたり、疑われたり、裏切られたりと色々ありましたが、この当時の出会いを恩に感じていたので、何があっても心底から憎むことはなかったですね。

潤子ママはわたしという商品の借金を肩代わりしたものの、街の住人からの忠告でわたしが未成年と知ったようでした。それでも十六、七くらいと見ていたらしく、子飼いにして、一年くらい遊ばせていればいいだろうという算段だったかと推察します。しかし、十四歳では十八歳になるまで丸々四年もあるのです。しかも、潤子ママにわたしの年齢を知らせたのは父のことを知っている人間でした。

「明日は金主《きんしゅ》に挨拶へ行くから」

　そう言って連れて行かれたのが兎我野町《とがのちょう》にあった雑居ビルの一室でした。社長室に入ると、紫色の法衣に金色の袈裟をかけ、さらに西遊記の三蔵法師の頭巾のようなものを被った男性が、大きくて立派なデスクに腰掛けていたのです。坊主は寺にいるものと思っていたので面食らいました。

「ああママ、ちょっと待っててね」

　関西弁ではありませんでした。電話中だったようで、わたしたちは声を出さずに、会釈で訪問の挨拶を済ませて客用の応接へと座りました。その男性は、その格好のままでティッシュとコンドームの経費がかかり過ぎだと部下らしき相手を詰《なじ》っていました。電話が終わるとわたしを見て、

「なるほど、確かに上玉だな。だが店はダメだ。目立ちすぎる」

　と潤子ママに言いました。わたしの説明は終わっていたようで、未成年ということは知っている様子でした。

「俺はね、伊藤というんだ。今では管長なんて呼ばれてるけどね。もともと川崎のソープランドのボーイ出身でここまで這い上がってきた。お客さんからもらうチップを貯めてね。頑

張ったよ。良かったらまた俺の話を聞いてくれるかい？」

「分かりました」

ここでは「分かりました」と言うのが正解でしたし、その圧力は感じていました。伊藤管長は当時四十前で、白髪混じりのスラッとしたロマンスグレーでしたから、嫌悪したり拒否する対象にはありませんでした。ただ、お寺の管長職にあるとはいえ、法衣の格好のままティッシュがコンドームがとやり取りするのは異様に感じましたし、それを着た姿で少女のわたしを口説くのも異常に思ったのでした。わたしが返事をすると、デスクの後ろに控えてあったバカでかい金庫を開け、潤子ママへ分厚い封筒を渡して面会は終了しました。この日の用件はこれだけだったのでした。

数日後に伊藤管長から潤子ママへ連絡があって、マンションを買ったから会社へ鍵を取りに行くよう指示されました。

事務員さんから住所が書いたメモと鍵を受け取りました。見ると潤子ママの自宅のすぐそばでした。住所にあったマンションを見に行くと、外壁がシックな煉瓦で設えてあり、エレベーターも二基ありました。ロビーは高い吹き抜けになっていて、あらゆるところに植え込みや花が飾ってあり、まるで高級ホテルのようでした。室内に入ると、新品のベッドやドレッサー、固定電話も用意されていました。未成年ですぐには使えないけれど、手放すには惜しい。

その間は手元に置いて可愛がっておこうと考えたのかも知れません。最初に二人でしたデートらしいデートはホテルプラザの天ぷらを食べに行ったことです。食後はそのままホテルのスイートルームに連れられて裸になりました。わたしは大人っぽく見えていただろうし、体も充分に早熟していました。しかし、処女ではなかったとはいえまだ子どもだったし、積極的にセックスを楽しめるほどではありません。壮年の男にはつまらなかったと思います。それでも管長はわたしを腕に抱き、自分の苦労話をするのが常でした。

きっとたくさんいた愛人のうちの一人だったと思いますが、どうして彼がわたしを可愛がって執着したのか分かりません。後の新聞報道では「十四歳愛人　ロリコン管長」などの見出しがついたのですが、彼はロリコンというわけではなかったと思います。わたしは確かに十四歳でした。しかし、わたしだったからそうなってしまっただけ。当事者が証言するのですから間違いないです。

お金が底をつくと伊藤管長の会社へ電話して無心に行きました。昼ご飯を食べようと誘われても断って、お金をもらったら帰りました。時どきマンションにいたら固定電話が鳴って、今から行っていいかと甘えられましたがその都度に拒否しました。別に部屋に入れる男がいたわけではありませんが、伊藤管長のマンションに住まわせてもらっていても部屋に入れるような関係じゃない、わたしは遊び相手で愛人じゃないと、そんなふうに思っていました。

嫌だと言うものを強引に訪ねて来るような男でもなかったですしね。しかし相手にすればそのために買ったような部屋です。そのうち我慢の限界がきて追い出されてしまいました。出て行ってからもお金がなくて連絡したら「会社へ来い」って言ってくれましてね。伺ったらお小遣いをくれたりして、いつもわたしの心配はしてくれました。

またホームレスに戻って、ディスコで知り合ったトモコって女の子の家へ転がり込んでいました。わたしはほんとうに何も持っていなくて、着のみ着のままでした。たまに泊めてくれたり、洋服をくれたり、食べさせてくれたり、そういう親切をしてくれたのは潤子ママもそうだったけれども、水商売で自分も苦労してる若い女の子か、トモコのように同じような境遇で家を出されたお嬢さま、ホストまたはゲイの友達でした。

ある夜、トモコが知人からミニバイクを借りてきました。原付は法律で二人乗りが禁止されていることを知っていましたが、難波裏のトモコのマンション付近で乗って遊んでいるうちに楽しくなってしまって、ついミナミまで走らせちゃったのです。無免許で標識など分からないから、宗右衛門町を逆走して中程にあるマンモス交番で逮捕されてしまいました。

「名前は？」

「なーまーえー」

バンッと取調室の机が叩かれ、わたしは俯いたままビクッとしました。もう同じやり取りをかれこれ三日はしていました。

「は〜　お姉ちゃん、なかなかしぶといなあ」

「生年月日は？」

「生年月日教えてや」

「おいっ生年月日はいうて聞いとるやろがい」

脅されても賺《すか》されても言えるわけがありません。なにせわたしは未成年なのですし、白状すれば父に連絡が行きます。留置期限は過ぎておりましたが、身元が判明しないので釈放のしようがなかったのだと思います。その日も時間がきて、手錠で腰縄姿のわたしが取調室から留置場へ戻るとき、運悪くわたしを知る少年課の刑事が通りがかったのです。

「おいおい、ちょっと待て。こいつまだ中学生のはずやど」

まだ親元にいたころ、夜間に一度だけ繁華街で補導されたことがあったのです。おそらくその時に関わったのでしょうか。刑事の記憶力に敬服しました。

警察からの連絡で仕方なくといった風情の継母がわたしを迎えに来ていました。未成年なのに捜索願を出していなかったことで少年課の刑事に何か言われたのかも知れません。とにかくわたしを連れて帰らなければならないことに不満があったのでしょう。たいへん大人気ない態度でした。

約一年ぶりに戻った自宅でした。父は帰宅後に二階のわたしの部屋へは来ず、継母のいる三階へと直行しました。そして、再び耳にしなければならなくなった階上より聞こえて来るふたりの会話。

「どうせ警察からの連絡だったら、死んだって聞きたかったわ。死んでくれていたら良かったのに」

「そういう言い方はよしなさい。聞こえるでしょう」

この直後に象皮病を発症しました。当時は原因不明の難病で、実話映画の「エレファント・マン」で有名になった奇病でした。進行が止まらない人もいるし、治るも治らないも患者次第と告げられたのです。日々、顔面の皮膚が盛り上がってきて鼻は埋まっていき、目も開かなくて見えなくなるほど腫れあがりました。その治療中に自室から一歩も出られず、誰とも連絡を取りませんでした。絶望して死ぬつもりでしたから。その間に父と潤子ママとの間で何が起きていたのか、まったく知る由もなかったのです。幸いにも塗り薬が効いてくれ、二ヶ月後に回復の兆しが見えたのでした。

ようやく人前に出ても悲鳴が聞こえなくなったころ、医師から外出を許可されました。潤子ママへ連絡したら、伊藤管長とはお店のことでトラブルになり、大喧嘩をして店を辞めたのだそう。たいそう伊藤管長を恨んでいました。泊まりにおいでと言ってくれたので、久々に顔を出すことにしました。父と潤子ママがどこでどうやって連絡を取り合ったのか分かりませんが、「上原さんにはおまえのことを頼んでおいたから」なんてしゃあしゃあと言い渡され、僅かな違和感は持ったのです。

勝手知ったる潤子ママの自宅へ。二日目の夕方を過ぎたころだったでしょうか。父がえらい剣幕で、

「明日の朝から伊藤の野郎の家へ行くからな」

と潤子ママの自宅へ電話してきたのでした。一体いつの何の話か。父にそんなことを言う権利はないように思えました。

潤子ママは伊藤管長に復讐を企て、父を焚きつけて自分の恨みを晴らすつもりなのでした。そういう人です。死なば諸共が口癖でした。

翌朝になると、わたしは体が異常に熱くて潤子ママへ訴えました。ママはわたしの額に手を当てるとすぐに離しました。体温計の赤い線は四十度ぴったりを指していたのです。そうこうするうちに父が家庭裁判所のＯＢを伴って迎えに来ました。ぐったりしたわたしを無理やり車に乗せて出発しました。どうなるんだろう。何が起きるか予想もつかず、朦朧としながらただぼんやりと空を眺めている間に伊藤管長の六麓荘の豪邸へ到着しました。

予想に反して笑顔の伊藤管長が玄関でお出迎えしてくれました。完全に父を無視して、わ

たしに「やっと来たね」と言いました。実は前々から何度も自宅へ遊びに来ないかと誘われていたのです。伊藤管長は早速わたしに立派な居宅を案内してくれました。テニスコートが二面に飛び込み台のついたプールは昨今の個人宅でもあまり見ることがないのではないでしょうか。うちにも韓国の家にはテニスコートがありましたし、プールもありましたが規模が全然違いました。そして、大広間の前に二度目だという奥さんがいらっしゃって紹介を受けました。通された三十畳ほどの和室には、何故かディスコで顔見知りの男性がふたり座っていました。男性のひとりとは過去に一度だけ肉体関係がありました。わたしが処女ではなかったことの証人として駆り出されて来たのでした。もうひとりは、この日まで知らなかったのですが、山口組系の組長とのことでした。

父は皆んなには家庭裁判所のＯＢと紹介したのですが、おそらく元裁判官を横に置いて、盛んに伊藤管長へ年端もいかない自分の娘をおもちゃにしたと責め立てました。すると伊藤管長は、

「俺とマリカは恋愛をしていたんだ。再婚した父に家を追い出されて行くところがなく可哀想だった。いつも金がなくて腹を空かせていた。未成年だと？　今更なんなんだよ。若い嫁を取って、こんないい子を捨てたくせに。あんたは人間のクズだよ。父親だなんて名乗る資格ないね」

「なんだと！」

父と伊藤管長はわたしを挟んで言い合いになり、話し合いは物別れに終わりました。しかも、帰り際に伊藤管長が追い打ちをかけて、

「こんなやつが父親だなんてマリカがほんとうに気の毒だ。十八になったらここに戻って来い。俺の養女にしてやるよ」

分かったな！　と奥さんに申し渡しました。なんてことを。奥さんは大人しそうな女性で、

「分かりました。いつでもいらして下さい」とわたしを向いて言ってくれました。

「なんだとこの野郎！　いいか、今日はこのまま帰ってやるが、貴様、俺に喧嘩を売ってきやがって、後悔させてやる。憶えておけよ」

管長は父を挑発して怒らせてしまった。

潤子ママは、わたしの身元が判ったときから、父がどんな人物かミナミやキタで商売するなら知っていたはずでした。わたしの父を使って伊藤管長を困らせようとしたのです。こうして、公私とも伊藤管長から裏切られたと恨みに思っていた潤子ママの復讐は思惑通りに進んでいるかのように見えたのですが、結局、わたしを不憫に思った伊藤管長が義憤心から父を面責して二人は決別したのでした。

伊藤管長の豪邸での大騒ぎからほどなくして、うちに大阪府警本部の刑事が毎日わたしを

訪ねて来るようになりました。忘れもしない大阪府警本部井上班。来ると父の応接室へ通し、日替わりで色んなタイプの刑事から決まって同じ質問をされました。内容は伊藤管長とわたしとの男女関係でした。何百回と聞かれてもわたしは惚け通しました。認めたら、どれだけ伊藤管長に迷惑がかかるか。それくらいは十四歳のわたしにでも容易《たやす》く予想がつくことでしたので、父からは「早く伊藤とのことを認めて刑事に話せ」とせっつかれていました。しかし話す訳にはいかなかった。何故なら、住むところやお金をくれ助けてくれましたし、心配もしてくれた。それよりもなによりも、父と潤子ママに連れられて行った伊藤管長の豪邸での発言に恩義を感じていたからです。

それは三ヶ月を過ぎたころでしょうか。いつもと様子が違っていました。刑事たちは応接室に入るなり何も訊かず、

「立て。行くぞ」

と命令しました。

「え、ちょっと待って下さい。どこへ行くんですか。出かけるなら父に言って行かないと」

「お父さんは知ってはる」

「あの、何をですか」

建物内のインターフォンを押すが在宅のはずの継母から応対はない。問答無用で腕を取ら

れ手錠をかけられました。

南署に到着すると、大阪府警本部井上班と大きく書かれた木札が掛けてある部屋へ入れられました。白髪に短髪の優しそうな井上班長は、わたしを警察署へ連行してきた権利を読み上げました。

何故こんな大事になっているのか。

誰かが伊藤管長の経理を探り、検察にリークしたということでした。大阪府警は伊藤管長を脱税で逮捕するため周辺を事細かに調べ上げていました。ところが、伊藤管長の金庫番がなかなか巧妙に処理していたらしく、簡単に尻尾を出さない。そこでわたしとの未成年淫行で身柄を引っ張りたいのだと本音を話してきました。

「分かるやろ。伊藤は悪いやつなんやで。そういうことでな、刑事さんたちに協力してくれへんか。伊藤と性交渉を持ったことがあるんやろ？」

「いいえ、伊藤さんのことは知っていますが、脱税だなんて言われてもわたしには関係ないですし、伊藤さんとも男女関係はありません。無いもんを認めるわけにはいきませんわ」

「強盛《ごうじょう》やなあ。ワシら伊藤を逮捕するため何ヶ月も寝る間を惜しんで時間を費やしとるんや。協力してくれへんのやったら仕方がない、すこーし、頭を冷やしてきてもらうで」

「どういうことですか」

「鑑別行ってこい。しばらく」

「え、なんで？　罪はなにで」

「不純異性交遊や」

「そんな、不純異性交遊て……」

「あのな、未成年がむやみにセックスするのを日本国家は認めてないんや」

「意味が分からんわ」

　吐き捨てるように言った。

「おう、おまえ！　ええ加減にせえよ。調子に乗ってんのも今のうちやど。今ここで大人しく認めてお家へ帰るか、あくまでもワシらに楯突いて非協力的な態度を取り続けてよ、年少まで行くか、鑑別の中でよう考えろ」

「ちょっと待って。なんで不純異性交遊で年少まで行かなあかんの？」

「あほう、おまえのせいでワシらの苦労が水の泡になるんじゃ。五年は行くつもりでおれよ」

「無茶苦茶ですやん！」

「何も無茶苦茶やあらへん。事実おまえは素行不良やし、タバコ、酒、夜遊び、家出と、義務教育たる中学校へも行ってない。反社会的な要素でいっぱいや。覚悟せいよ、五年はつけたるさかい、出てきたら二十歳やのう。残りの十代をずっと年少で過ごせ」

これは父の仕業だ。

父は自分の怒りを鎮めるためだけに、わたしを犠牲にしたのです。十四歳のわたしを世間の晒し者にしても自分の恨みを晴らそうとしたのでした。迷いましたが、ここまできたら貫くしかない。

問答無用で小型のバスに乗せられました。


鑑別所に到着したら、すぐに持ち物を預けて身体検査がありました。留置所に入れられた経験から、いくぶん動揺は少なかったとはいえ、医務室で男性医師に素裸で身体中の穴という穴を見せるのは自我が強くて自尊心の強いわたしには屈辱でした。

入所して三日目あたりに「先生」と呼ばれる法務教官がドアの前で、

「けんじが面会に来たから出なさい」

と告げてきました。

「けんじって誰ですか？　今日は面会日じゃないはずですが」

「検事いうたら検事やんか。検察庁の検事さん。しかしあんた、何をやったの」

「わたしは何もしていません」

一九八五年のことです。鑑別所にいる女の子たちの大半が売春、覚醒剤、シンナー、窃盗の罪で、面会に警察は来ても検事が来ることは教官にとっても珍しいことのようでした。

「初めまして。僕は大阪地検から君に会いに来た検事正の◯◯といいます。今日ここに僕が来た理由が分かるかな」

「いいえ、分かりません」

「君は伊藤義文さんを知っていますよね。北区兎我野町に会社がある。柿本寺という寺の住職でもある伊藤管長のことだ」

「……はい」

「伊藤という男はだね、脱税という国家にとって反逆とでも呼ぶべき行為で法に背いている。それは刑事さんに聞いたかね」

「はい……」

「我々は伊藤を逮捕するため時間をかけて内偵を続けてきた。伊藤は廃寺を買収して住職におさまり、その肩書を利用して宗教法人という抜け穴を使い、ソープランドやラブホテル、高級クラブ、水子霊霊園にまで手を広げて、これらの収益をごまかして納税を逃れているわけなんだ」

「……」

「それで、先に刑事さんにも聞いたと思うけど、捜査が難航していたところに未成年との淫行情報が入った。君のことだね。罪状は未成年者淫行です。この国ではね、いかなる理由があろうと未成年と性的に関わることは犯罪なんだ。それは分かるね」

「いや、分かりません。あたしは伊藤さんとは何もありません。あたしじゃないです。あたしとは関係ありません」

「そうかな。君に関係あることだから君はここにいるんやで。君の強情に大人は振り回されている。僕は同じことを何度も言うつもりはないんですよ。だからこれ以上、突っ張るのは君にとって不利益だと思うよ。君にも反省してもらわないといけなくなる。言ってる意味は分かるよね？　一週間後にまた来るから考えておいて下さい」

ここにきてやっとわたしが闘っている相手が見えました。国家です。国が相手なのでした。彼らからは何が何でも絶対に伊藤さんを逮捕する意気込みを感じたのです。しかし、口を閉ざしたままだと何の罪も犯していない十四歳の自分が五年間も少年院で過ごさねばならないのです。いくら考えたって納得できません。でも、今さら発言を翻すこともできない。それに、自宅へ戻ったところで父親や継母から邪魔者にされるだけです。未成年では家を出て自立するのも難しい。ならば、五年間少年院で沈黙を貫き通したっていいんじゃないのか。堂々めぐりで考えがまとまらず、どうすればいいのか答えは出ないまま一週間後を迎えました。

「こんにちは。あの、まだ決められないです」

「ああそう。もういいよ」

「何がもういいんですか」

「あれから君のお父さんの許可をもらって、実家の君の部屋を家宅捜索して調べさせてもらった。でね、出たんだよ」

「何が出たんですか」

「君は伊藤とプラザホテル内で天ぷらを食べて、同ホテルのスイートルームへ泊まってた」

どうして知っているの――

「君の部屋から伊藤名義のカードの明細書が出た。だからもう君の証言は必要なくなったんだよ」


釈放された翌日、自室のテレビを点けるとワイドショーが流れてきて、そこに映る景色に目を疑いました。

ああ、これは大変なことになっている。伊藤管長も潤子ママも逮捕されて、とても大きく報道されていました。罪状は検察の予告通り伊藤管長が未成年淫行で、潤子ママは売春斡旋ということでした。潤子ママは伊藤管長への私怨から、わたしの父を使って復讐を果たそうとして、かえって藪蛇になってしまい、文字通り「死なば諸共」と相成りました。驚きのあまり、そのままテレビ画面に釘付けとなっておりましたら、なんとわたしの自宅上空をヘリコプターが飛んでいるではないですか。生放送で、今いる自分の家が映し出されているのです。目玉の奥に力が入るほど仰天しました。

ワイドショーは連日にわたり法衣を着た伊藤管長の写真を付けて、「十四歳の愛人を囲っていたロリコンエロ坊主」として面白おかしく扱い、週刊誌はロリータ宗教家、昭和のエロ坊主のタイトルで報じ、潤子ママにいたっては売春斡旋女衒婆とまで紹介されており、「少女A」についても想像を交えて書き立てました。

事件から約一年半後の一九八七年の四月三日付の朝日新聞朝刊によれば、「大阪国税局は二日、宗教法人を隠れみのに多数のソープランドを事実上経営していた「柿本寺」の元管長・伊藤義文（四一）＝売春防止法違反で起訴拘置中＝に対し、重加算税を含め約二十二億円の所得税を追徴する更正処分を決定し、関係者に通知した。ソープランドであげた巨額の利益をそっくり伊藤個人の所得と認定したもので、個人の追徴としては異例の高額となった。同国税局などの調べによると、伊藤は大阪のミナミとキタで、最高十七軒ものソープランドを経営。五十七年から六十年までに、計八十五億円の売り上げがあったが、赤字申告や無申告を繰り返し、約二十五億円の所得をごまかした。ソープランドは「柿本寺」とは無関係の会社、個人名義になっており、伊藤とはつながりのない形をとっていたが、国税局は店長らの証言などから各店の売り上げの三分の一が伊藤に渡っていたことをつかみ、利益のすべてが伊藤個人の所得にあたるとして、所得税約十七億円、重加算税約五億円を追徴した（略）」とありました。

週刊誌の突撃取材による近所の目や世間体を気にした父と継母は、自宅を叩き売ってマンションへと引っ越して行きました。わたしは父から毎月の仕送りをもらって心斎橋のマンションに一人暮らしを始めたのでした。こうなって初めて、ようやく得られた誰にも遠慮しなくていい自分の居場所ができたのでした。父や継母が最初からこうしておけば、近所に恥をさらすことも、家を売ることもなかった。わたしは一年も行き場がないホームレス生活をしなくてもよかったわけですし、借金だってしなくて済んだのです。そうしていたら、伊藤管長と潤子ママだって逮捕されずに済んだのかも知れません。

このころです。冒頭にあった北新地のクラブピアジェのママから連絡をもらったのは。伊丹十三監督からピアジェのママを通じて面会の申し込みがあり、お断りしたのですが、次にその件で連絡があったのはピアジェのオーナーより直々でした。ディスコでバッタリ会ったらご馳走してくれたり、お小遣いをくれたりした恩人でした。そんなひとからの頼みは断れません。

「マリカ、伊丹さんは三國（連太郎）さんの紹介で、俺のとこへおまえを探しに来たんや。分かるやろ」

　インタビューは北新地の全日空ホテルのロビーでした。時間は十四時くらいだったと思う。少し遅れて到着したら、伊丹監督はおひとりで、すでに待っていてくれました。「よく来てくれたね、ありがとう。なんでも好きなもの頼んでね、お腹は空いてない？」と聞いてくれ、わたしはアイスミルクティーか何かを飲んだような記憶があります。映画監督ってもっと怖いひとかと思っていましたが、すごく優しく接してくれて嬉しくなったのを憶えています。質問は父とのことや、伊藤管長とふたりきりで過ごした時間とはどんなふうだったかを訊ねてこられました。わたしは、伊藤管長のことについて街で訊かれても答えることはなかったのですが、伊丹監督になら話してもいいような気がしたのです。

「腕まくらをして自分の話をしてくれました。部屋の中では追いかけっこしたり、わたしの友達と出かけたりしたこともありました」

「他に何か印象的なことはなかった？」

「抱っこしてあげたことがあります」

「抱っこ？　えっとそれは、君が伊藤さんをってこと？」

「はい」

「十四歳だよね」

「そうです」

「お母さんが幼い子どもにするように？」

「はい。お母さんが幼い子どもにするようにしました」

「こんなこと訊いちゃっていいのか知らないが、伊藤さんはロリコンだったと思う？」

「思いません」


数十年後に自叙伝を書いて出版する運びになったとき、なんとたまたま縁のあった担当編集者が、これまた偶然にも約三十年前は週刊誌のデスクにいて、当時この柿本寺事件を担当していたと知らされたのでした。わたしよりも、それが書かれてあったわたしの原稿を読んだ担当編集者がどれほど驚いたか。原稿をお渡しして少し経ってから電話がありました。

「マリカさん！　あの時の、柿本寺管長の十四歳愛人少女Ａってマリカさんだったのか！　あれは僕が担当だったんだよ」

巡り巡って不思議なことは起こります。

たまたま知り合った、兄貴分の行きつけのクラブのママが、その当時に伊藤さんの一番大切にしていたママだったのでした。わたしは兄貴分に事情を話して、連れて行ってくれるよう頼みました。会ったこともない女性でしたが、わたしのせいで伊藤さんが逮捕され、ママはお店をなくしてしまい、そのことをずっと申し訳なく思っていました。一言、目を見て謝りたかったのです。

「その節は、ご迷惑をかけてすいませんでした」

「いいえ、マリカちゃんは何も悪くないのよ」

「その後、伊藤さんは」

「六年前までお元気にしていらっしゃったけど、今はもう……」

「そうですか」

「最後まで心配していたわよ。やっぱり俺が引き取ったほうが良かったんじゃないかって」

「そんな、そんな」

目からみるみる涙が溢れ出て止まりません。

「大丈夫よ、大丈夫」

そう言いながら、ママは、あの時わたしが伊藤管長にしたように腕を広げて抱きしめてくれました。わたしは四十の半ばを過ぎていたというのにわんわん泣きました。

「いいひとでした。わたしのせいで……」

「違う。マリカちゃんのせいじゃないの」

「三十年も昔の話なのに、こうして会いに来てくれてありがとう。長いこと気にしてくれていたのね、伊藤さんも喜んでいるわよ」

「そうでしょうか。なんで領収書なんか置いといたんだよって怒ってる気がします」

「あははは。そうかもね。遠くない将来、わたしも、あなたもいつかまた会えるから。直接その時に伝えなさい」

「そうします」

映画「マルサの女2」が伊藤管長をモデルにした作品だと聞いたのは、映画館での上映が終了してずいぶんしてからのことでした。伊丹監督がわたしを訪ねて来たのは、映画化が目的の取材だったことをその頃になりようやく理解しました。迷ったのですが、ビデオを借りてひとりで観ました。作中に洞口依子《どうぐちよりこ》さんが演じる少女のモデルがわたしです。

第四章　ボスの長男

「まさか、あんたが殺ったんちゃうやろな」

二〇〇五年、わたしは五年前に別れた二番目の亭主をこう問い詰めたのでした。

「久しぶりやんけ」

「そんなことはどうだっていいねん。あんたが殺したんか」

「俺とちゃう。殺ってへん」

「ほんまやろな」

わたしは電話をかけて確認するのを迷っていました。もし、「そうや、俺や」と答えたらどうしよう。わたしは、彼が殺したのではないかと疑っていたからです。

一九九八年秋。息子が二歳になる直前でした。最初の夫とうまくいかなくなった頃に知り合ったのが生島だったのです。あの日は土曜日で北新地の勤め先はお休み。わたしはミナミのカラオケラウンジへモデル時代の先輩と繰り出したのでした。そこに偶然にもミナミの老舗クラブのママを務めていた彩香がいて、わたしを認めて挨拶をしてきたのです。隣にいた男には自己紹介をしただけ。そんな何気ない出来事などすっかり忘れていたのでした。

しばらくして、パリ発の化粧品会社のライセンスを取得して話題になっていた村野氏から、「今からめっちゃくちゃ大事なお客さん連れて行くから。席と、お土産の用意しといて。ほらあの、手に入りにくいパンあるやんか。あれ三つほど頼むわ」

村野氏がえらく興奮した口調だったため、どこの誰を連れて来るのかと身構えていましたが、一緒に来店したのは大柄な若い男でした。どう見てもまだ二十代です。一行は、メインの村野氏を入れて四名だったのですが、三名は村野の会社の社員ということでしたから、実質、その若者への接待ということは推察できました。しかし妙だったのが、この青年に対して、壮年の男たちは不自然なほど気を使い謙《へりくだ》っていました。たとえばその若い男がタバコに手をやると、いちいち女の子に「火！　火！」と催促するのです。皆んなピリピリしていました。村野氏らは青年を「若」と呼んでいましたが、「若は勘弁して」と制され、「生島さん」と呼び直していました。生島さんは、見るからに高級そうなスーツを着て、無言でタバコを燻らせていました。若いくせに威圧感がすごくて、女の子は喋りにくそうにしていたのを憶えています。

わたしは、（若いのに、これほど気を使われるってどういう立場のひとなんだろう）と、水割りを作りながら考えを巡らせていました。小一時間も経過したころでしょうか、突如として生島が「じゃあ、お先に」と、誰ともなしに声をかけて立ち上がったのでした。村野氏や会社の面々が慌てふためきます。

「マリカ！　生島さんお帰りや。お土産渡して」

「いや、要らん」

　生島はそう言い残すと足早に店を出て行ってしまったのでした。

「追いかけて！」村野がわたしを突き出しました。どこへ行ってしまったの。わたしはパンを持ったまま上通《かみどお》りに生島を見つけて走りました。何でこんなことしなくちゃいけないのか。わたしは何があっても客を追いかけて走ったりしないのに、と微細な不満を心に抱きながら。

　北新地を訪れる酔客の大半が使う国際モータープールへ到着すると、生島はすでに車を動かしていました。ベンツなのに見たことがない外装で、どうにもこうにも厳《いか》めしい車です。後にそれはケーニッヒというチューニングメーカーの改造（カスタム）だと知ったのでした。

「生島さん、ちょっと待ってください！」

　わたしの声は排気音でかき消されそうでした。ベンツに併走して車の助手席の窓を思い切り叩いたのです。車はしばらく徐行して面倒臭そうに止まり、窓が開きました。「これ、お土産です。持って帰ってください！」窓から放り入れました。そしてそのまま生島は一目散に走り去って行ったのでした。追いついた村野氏が「お土産は渡せた？」と尋ねてきたので、わたしは肩を上下にしながら、「渡したわよ！」と言って睨みつけました。何なの大騒ぎして。ともあれ、村野氏からの任務は完了して自分の責任を果たせたのでした。

　過日、同伴出勤で早い時間から店の中にいたのです。何度かその席を通り過ぎたところ、見覚えのある男がいるのに気づきました。記憶を探すと、ついこのまえ彩香とミナミのカラオケラウンジにいた男だと判りました。

「あら、このまえ彩香とミナミで」

「さっきからずっとおったで」

「すいません、気づかなくて。後で座らせてください」

失礼を詫びて男の元へ座りました。彩香の手前もあって邪険にはできない。

「このまえも来たのに」

「えー　うちに？　呼んでくれたら良かったのに」

「だから呼んだんや。このまえ団体でおったやろ。村野と」

「もしかしてスーツ着てた？　生島さん？　まったく別人みたいや」

その夜の生島はヒップホップミュージシャンが好んで着るようなプルオーバー姿でした。髪は耳の長さで切りそろえられ、オールバックに撫で付けられています。接待の夜と違い、うって変わる上機嫌でした。そこにボーイの松村が生島の席へ挨拶に来たのです。

「マリカちゃん。僕な、高校が生島さんと一緒でいっこ下の後輩やねん」

「そうなんや。ていうことはあたしより二つ上やね。二十八か」

「そうそう。マリカちゃんが気づいてくれるまで、俺が生島さんのお相手してたんやで」

「てゆうか、生島さん。あんた何者ですか」

「なんで？」

「だってこのまえ、村野さんと会社の人がめっちゃ気を使ってたやん」

「そら使うやろ」

生島は咽《むせ》せるようにハハハッと笑いました。

「だからなんで年配の村野さんが生島さんに気を使うんよ。それとな、あたしは現金かカードしか受け付けてない。立て替えは一切やってないからね」

「それは大丈夫や。心配すんな」

「仕事は何してはるん」

お客の仕事に触れるのは厳禁だが、どうしても知りたい。紹介してくれた彩香とは顔見知りなだけで連絡先も知らないのだし。

「音楽関係に投資とか、そんな感じ」

「そんなんで村野さんがあんな態度になるとは思われへんねんけど」

松村が口を挟んだ。

「生島さんはお父さんが有名人やねん」

「ああ、芸能界の人か」

「ちゃうちゃう、そっちちゃう」

「じゃあどっちよ」

「生島さん、お父さんって何やってるひと」

生島は口を開かない。

「有名人って何の？」

松村が渋々といった様子で、

「生島さんのお父さんは……ええと、男の道を極めはったひと。そういう業界の有名人」

ああ、わかった
「山口組？　だけど、ヤクザ名鑑に生島さんて名前はなかったで。半年くらいまえまで山口組は来てたけど」

「最近の名鑑に生島さんのお父さんは載ってないと思うで。だいぶ前に引退しはったから」

と生島の代わりに松村が答えた。

「そうなんや。親孝行してる？」

「いや、親父は死んだ」

「ほんまあ、病気で？」

「殺されたんや」

「いつ」

「去年や」

生島の父は、後にわたしの義父となった生島久次《いくしまひさじ》といって、近しい関係者にはサージと呼ばれていました。生前にお会いしたことはありません。生島久次は後に太田興業を結成した太田守正という極道と浪速会という愚連隊をしていたらしく、それから縁あって菅谷政雄が率いる菅谷組へ入ったと聞いています。菅谷組々長の通称はボンノで、三代目山口組若頭補佐まで務めた人物だそうです。菅谷組は博徒で知られ、その流れから生島久次は債権回収、不動産金融などを行い、成功したようでした。また、野球賭博のシステムを考えたのも生島久次だと耳にしたことがあります。

一九八三年に生島久次は、嘉手納基地から盗まれた拳銃数丁の購入と、大阪市内の某銀行内において、実名の貸金庫から拳銃十二丁に加え実弾七十五発が発見された事件で大阪府警に指名手配をかけられましたが、警察の追手から逃げ切り、アメリカへ逃亡を遂げました。事件の翌年一九八四年には渡世を引退して、生島組は実弟の生島仁吉が継いだのです。七年間のアメリカでの逃亡生活を送った後の一九九〇年に時効を迎えて、日本へ帰国したのでした。帰国してからは主に不動産売買や貸金業の経営を開始しました。

元夫の父であった生島久次に先見の明があったと思い知らされたのは、一九八〇年にはすでに息子たちへ「近い未来に必ず一人一台のパソコンの時代がくる。その時のために今からコンピューターを勉強しておけ」などと言いだして周囲をキョトンとさせたらしいことでした。また、現代では当たり前になっている路上に面したオープンエアに解放された形式のバーも、当時にはなかったセルフドリンクのシステムも、通りに鳴り響くほど音楽を鳴らせば人が集まって儲かるなど提案していたそうなので、ビジネスのアイディアや視野は広かったのだろうと思います。そして何より、イトマン事件と深く関わっていた許永中《きょえいちゅう》との仲です。生島久次が許永中を可愛がっていたのは、関西地下経済の誰もが知る事実でしたから。

その頃、経済ヤクザといえば西の宅見、東の石井が有名でしたが、両人ともに引けを取らぬほどの経済力に、生島久次こそ元祖経済ヤクザ、稀代の経済ヤクザとの呼び声が高いのも、先述した時代を読む才能のためです。その生島久次という一家の星が、長男である元夫と出会った前年の一九九六年の八月に、自身の所有する会社「日本不動産地所」が所在した大阪駅前第三ビル前の路上で、山口組系侠友会所属のヒットマン二人に襲撃されたのでした。生島久次のボディーガードであった古市朗が応戦し、ヒットマンの一人を仕留めました。結果として生島久次は即死、ヒットマンも一名が亡くなったのです。日中の繁華街で起こった銃撃戦のニュースは衝撃的で、わたしにも覚えがありました。

同伴で入ったお客を送り出した後に、わたしから生島を誘いました。翌日は土曜日で店は休みだったのですが、子どもの父親と険悪な仲だったので、自宅に居たくなかったからです。ただそれだけが理由で、まったく気軽な気持ちで誘ったのでした。

「明日ってなにしてるん」

「別に」

「家ってどこ」

「上六」

「近いな。ごはん食べに行こか」

「いいよ」

店が終わり、生島はマネークリップから現金を支払いました。その当時に、マネークリップを持っている二十代なんて見たことがなかった。例のいかついベンツで自宅まで送ってもらい、翌日の約束をして別れました。

明夕《みようせき》。約束の十七時ぴったりに迎えに来ました。この夜わたしは、北京ダックと鱶鰭《ふかひれ》が食べたかったのですが、生島に払えるかどうかも知れない。もしかしたらわたしが奢ってあげなくちゃ、そう考えていました。

「なに食べに行くねん」

「中華が食べたい」

「どこの？」

「そのまえに財布見せて」

「財布？　なにするん。ええよ」

生島は長財布をわたしに寄越しました。開けるとゆうに二百万円以上は入っていたのです。これなら奢ってあげなくてよさそうだ。それよりも、二十八歳でこんなにお金を持っていて大丈夫かな、このひと。という気持ちが先に立ちました。

「それで、どこに向かったらええねん」

「わあい。福臨門」

「さっきのは何やねん」

「だって、もし、お金持ってなかったら、あたしが奢ったらなあかんと思って」

無事に希望した中華料理店で北京ダックと鱶鰭を食べることができました。料理も終盤に差し掛かったころ、紹興酒の酔いも手伝ってわたしは切り込んだ質問をしました。

「なあ、日本でいちばん金を持ってるヤクザの息子に生まれた苦労ってどんなん？」

すると、おっとりと落ち着いた口調の生島が堰を切ったように自分の生い立ちを語り出したのです。それこそ、言葉が飛び出すように、捲《まく》し立てるようにして。これにはわたしも吃驚《びっくり》しました。次々と誰宛てでもない怒りを、感情をぶちまけました。

「俺は在日でな」

「あたしもそうやで。何世なん。あたし二世」

「俺は三世や」

「おまえ地元どこ」

「ミナミ。日本橋」

「俺は幼稚園まで日本橋やった。おまえ幼稚園どこ」

「パドマ」

「なら会ってないな」

「お父さんは、生島モータープールっていうのやってなかった？　うちの近所にあったわ。生島さんて、なんか聞き覚えある。うちも父が亡くなってもうおらんけど、年齢的に親父同士は知り合いやったと思うわ」

「そうかな」

「うん、絶対」

「おまえんとこの親父って仕事は何してたん」

「宝石商。けど元々は神戸やし、知人友人にその筋の人はようけおった。お父さんってどんな人やった？」

「偉大な人やな」

「小さいころの思い出って何かある？」

「嫌な思い出ばっかりや」

生島は、幼いころを生野と日本橋という地域で育ったといいました。父の久次はほとんど自宅（本家）におらず、母は、自分が日本語の読み書きもままならないためか、たいへん教育熱心であったようです。冷静な父と、激しい気性を持った母の間に長男として誕生しました。生島は夫婦が長らく待ちかねた子宝だったのです。一族郎党《いちぞくろうとう》こぞって喜ばれたのだそうです。その期待を一身に受けて、幼いころは辛いこともあったといいます。例えば、生島はとても大柄でした。いや、大柄の枠を越えて巨漢といってよいだろう。身長一八八センチ。体重のほうも百キロを軽く超えていて、道行く人たちが振り返るほどの迫力でした。訪れた先々で、相撲取りかプロレスラーと勘違いされることもしょっちゅうだったのです。

「お父さんも大柄だったん？」

「いいや、親父は小さい。百六十くらい」

「じゃあ、お母さんが大きかったんやね」

「おかんも同じくらいや」

「でも、弟妹は背が高いんやろ」

「弟二人、妹一人、誰も百七十は超えてない。家族は全員小柄。俺だけや」

「何やろ、突然変異みたいやな」

「俺だけが大きいのはそういうことじゃない。理由があんねん」

初めて授かった子どもが男子。韓国の家では長男が生まれたら親戚が集まって盛大な祝いをするのです。それほど男の子が生まれるというのはめでたいこととされるのでした。しかも七年も待ちに待った子ですから、祖父母や親戚の喜びは計り知れないほどだったと思います。しかし、その期待を背負わされた子どもはものすごいプレッシャーを受ける場合があるのです。特に由緒正しい血筋であったり、父親が成功した家庭などに長男として生まれ育つことの責任やしんどさは、日本人の比ではないかも知れません。想像を絶すること。生島もそうでした。

幼少期は特に、食事の時間が楽しいものではなく、拷問にさえ感じたということでした。「大きく健康な子どもに」と願う祖父母は生島の両脇に座り、「可愛い、可愛い」と頭を撫でて、食卓に山盛りのご馳走を「イゴ、モゴラ」「これ、食べな」と催促するように食べさせられたのです。豚肉料理が好きと一言でもつぶやけば、最高の塊肉が用意されてしまい一週間は豚肉が続いたとか。母も母で、姑への意地で少しでも大きくしないといけないというプレッシャーがあったのでしょう。そのため、祖父母に重ねて母まで息子に食べろ食べろと願うように迫りました。そのうち飽きてしまい、箸が進まなくなると、祖母は決まって母に向かい「おまえの料理が不味いから食べないのだ」といびるのです。自分が食べないせいで、母が祖母から辛く当たられるのは忍びない。苦しくても口に入れ続けたのです。腹が張り裂けそうになり、「もう、お腹いっぱい」と宣言しても「もっと、もっと大きくなり」とスプーンが口元に運ばれました。途中でトイレへ立ち、内緒で吐いたこともあったと告白してきました。それでもまだ延々と祖父母や母からの「大きくなって」「食べて」が繰り返されました。そのような環境から、満腹でも無理に食べ続けるのが当たり前になったそうです。こうなったらどんなご馳走でも拷問です。しかも毎日ですから、想像するだけでこちらの胃まで苦しくなります。

十八歳くらいまではブロイラーのようだった、と生島は怒りを浮かべて回想しました。そうして見事に祖父母と母の宿願が成就。家族でただ一人だけ、百八十八センチ、百四十キロの大男が出来上がったというわけです。

小学校高学年のころにはすでに百八十センチ近くになっていて、体重も八十キロを超えていたのですから、激しく動くと心臓へ負担がかかります。体への負担が大きすぎて、体育は見学することも多かったようです。ほとんど運動をしないため、更に体重が増えていきました。その代わり重力がかからない水泳は好きだったようで、結婚後に減量を開始したときも、トレーニングルームにいるよりも、プールにいる時間が多かったように記憶しています。幼いころは、夏になると若い衆が海へ連れて行ってくれたそうです。プールよりも海が好きなのは、海中でプカプカ浮いていると嫌なことを何も考えなくてもよくて、自由を感じるからだと話してくれました。

「お父さんは、どう思ってたんやろ」

「親父は面倒なことには関わってけえへん。オカンとお祖母ちゃんの間に入って両方から文句を聞くのを避けてた感じ」

「他になんか覚えてる？」

「ある日、珍しく食卓に親父がおって。何してるんかなって見たら白米に砂糖をかけて食べてた」

「えっと、それはなんで？」

「そんときは分からんかったけど、頭を使い過ぎて血糖値が下がってしまってたんやろな」

「息子が巨漢になってお父さんは心配しなかったのかな」

「親父は自分が小柄やから、『大きいほうが立派でええ』とはいうてた」

「でも、それだけ規格外に大きかったら学校でイジメとかはなかったんやろか」

「あった。けどそれは体型のことではない」

生島の家族が大阪市内から環境の良い奈良へと引っ越したのは、子育ての観点からだったことは想像に難くありません。嫁姑問題もその理由になかったとは言えなくもないですが、元来に於いて、年寄りというものは慣れた土地から引っ越したがらないものです。こうして奈良の自宅では母と子どもたちが暮らし、父の久次は大阪市内のホテルを定宿としていて、若い衆が奈良と大阪の事務所を往復する生活になったそうです。

「じゃあ家ではお母さんと弟妹とだけで暮らしたん」

「家住みの若い衆もおるから家族だけってわけじゃなかった」

「お母さんは寂しかったんじゃない」

「毎日、家族や若い衆の飯の支度や采配やろ、若い衆の家族の面倒も見るから、忙しくて寂しいとかはなかったんちゃうかな」

「勉強はどうしてたん。塾に通ったとか」

「俺は中学までは公立やったから高校入試まで受験勉強はなかったけど、弟や妹は気の毒なくらい勉強してたわ」

「うちの松村と同じ高校な。偏差値とかわからんけど高い学校なん？」

「それなりに。でも高校三年で遊んでもうたから、大学は大したことない。弟と妹は優秀で、東京の一流大学へ入った」

「そうなんや」

「あいつらは幼稚園とか小学校から私立やったけど、俺が通ってた公立の中学と私立の高校は最悪やった」

「同級生のいじめ?」

「あのな、俺はずっとこの体型やから生徒からのいじめはないねん」

「じゃあ誰から?」

「担任や。中学のときはヤクザの息子ってことで教師からいびられた。俺だけ水の入ったバケツ持たされて校庭三十周とか無意味なことをな。だけど高校の担任はもっと露骨やったわ。学校では飯も一人、何するのも一人や。誰とも話さんと家と学校の往復。自宅には公安が張りついてて、登校時は尾行される。帰りも」

「あんただけ?」

「いいや、弟妹全員。妹にも、まだ小学生やった末の弟にも尾行はついたで」

「ひどい話やな」

「当たり前のことや」

「そんなことない。家族は関係ないやろ」

「世間というのは、そういうふうには見てくれへんねんて」

「そんな!」

「ヤクザの家族でおるということは、親父が稲刈りした米を売って生活してるんじゃないかららな」

「さっき中高の担任が最悪って。どういうことされたん」

父の久次が拳銃購入と所持の事件で全国に指名手配が回ったとき、生島は十五歳でした。テレビでは連日連夜のニュースで父の名前と顔写真が映し出されて、学校では、教師も生徒も、父である久次のことを知らない人はいなくなっていたのです。そして、生島が組長の長男であるということも、一日で全校生徒に知れ渡ってしまったのでした。その日を境に、仲良くしてくれていたクラスメイトからも距離を置かれるようになるのです。

「友達は数人おったけど、誰も俺に近づかなくなった。担任からは他の生徒への影響もあるし、迷惑やから学校へ来て欲しくないとかってな」

「登校するなってこと？」

「親父が指名手配されたんは高校入学してすぐやった。担任は早いうちに自主退学させたかったんちゃうか。あれやこれや言い掛かりつけてきたから」

「そんなん生徒っていうか、子どもに言うこと違うやんね。お母さんには？」

「言わんかった」

「なんで？」

「おかんはおかんで家宅捜索されたり、警察署に呼ばれたり。毎日のように警察とやり合ってて大変そうやったから」

「弟や妹は？」

「同じ目に遭ってたよ」

「誰か守ってくれる人はおらんかったの」

「そんなもんおるわけない。ふん、誰がおんねん」

生島は鼻で笑った。

「教師に腹は立たなかったの」

「一回だけ。担任から『おい生島よ、おまえの親父は有名人やのう。毎日テレビに出てよ。そんな有名人の子どもは学校に来んでもええんとちゃうか。お父さんのことで大変そうやから、しばらく家におったらどないや。家庭教師もおるやろ。家で勉強も出来る。高校やめても大学入試には困らんで』ってな。あんときは暴れそうになった。けど、常日頃おかんから、おまえは普通の体と違うんやし、怒りにまかせて人を殴ったら死んでしまうでと言い含められてたから。我慢したよ」

「私学でもそんな教師おるんやな」

「大なり小なり全部そんなんやったやで」

「毎日くらい来てた家庭教師の先生がおったんやろ。その人は味方になってくれへんかったん」

「なるわけない！」

「ええっ、でもずっと同じ家庭教師が来てたんやろ」

「来てたよ。テスト前とかはけっこう長時間になるから腹減るやろ。そしたらおかんが夜食に唐揚げとか、マクドナルドとか、牛丼とかちらし寿司とか持ってくるやんけ」

「うん」

「そいつ、それ全部一人で食べよるねん。俺の分まで。ほんで、余ったら包んで持って帰りよるし」

「どういうこと」

「夜食とかお菓子とか果物とか独り占めして何ひとつ俺に食わせへん」

「お母さんに言いや」

「男がそんなカッコ悪いことできるか。しかもそいつ、おかんの前ではめっちゃええ子やっててな」

「おるな、そういうやつ。あたしも小学校の担任にいじめられてたけど、まるで同じだわ。親の前ではめっちゃいい顔すんねんな。それで、大食い家庭教師をそのままにしたん？」

「いいや。ある日、にいちゃんにボヤいた。家庭教師が俺の食いもんまでガメるって。そしたらにいちゃんが……」

「ちょっと待って『にいちゃん』って誰よ」

「ああ、親父のボディーガードで俺らの遊び相手。朗《あきら》にいちゃん。にいちゃんが家庭教師に詰めた」

「にいちゃんなんて？」

「おまえなに一人で食うとんねんと。そしたらそいつ、どんな言い訳したと思う？」

「どんな言い訳したん」

「そいつ、『生島くんが、俺の分も食べてって、ぜんぶ僕にくれたんです。お母さんからも、少しは痩せなあかんって注意されてるからって』と言うたらしい。笑うやろ、おかんは俺を太らすことが生きがいやのに。そんなことあるわけないやんけ」

「ほんで？」

「朗にいちゃんが、そいつシメた」

　生島は一九六九年生まれだったので、高校を卒業したのは一九八八年あたりだったろう。九十年代を目の前にまだこんな差別があったのだ。それでもなんとか高校は卒業して、大学へ入学したそう。しかし、父の久次が長年の逃亡生活で留守となってしまうと気も緩みだし、加えて大学入学時には公安の尾行もほとんどなくなっていたため、学業も疎かになり、遊び呆けました。当初は東京の有名私大を受験するはずが、関西に居たいのもあり、芦屋にある大学へ。そのころ父の久次がアメリカに潜伏しているらしいことを知り、高校の卒業旅行先をアメリカにしたのでした。

「ロスアンジェルスへ行ってびっくりしたんがな、親父の家に、俺と同じ顔のやつがおってん」

「それってもしかして」

「異母兄弟やな。愛人がおるんは知っててん。五歳くらいのころ、親父に連れられて出かけたことあるから。女の人の家に」

「そんなことあんの」

「こっからが傑作や。家に帰ったら、おかんから『今日は、お父さんとどんなええとこ遊びに行ってたの』と聞かれてん。で、俺は『おばちゃんとこ』って答えた。俺に悪気ないやん。すぐに夫婦喧嘩が始まって。ちょうど親父がヨーロッパから帰って来たところやったから、おかんは若い衆に親父の車を出せいうて半狂乱や。それで、何をするんかと思ったら、トランクを調べ始めたんや」

「何がしたかったんやろ」

「女の証拠を掴みたかったんやろ」

「なるほど。トランクには何かあったん？」

「あったあった。カバンやら指輪やらたんまり。たぶんその愛人の誕生日用に買ってたんちゃうかな」

「それで、どうなったんよ」

「『これ何やの！』ってなるやん」

「なるよな」

「そしたら親父が、『おまえのやんけ』いうておかんを抱きしめたんや」

「すごいな、お父さん」

「懲役に行ってる兄弟分の嫁の家へ顔だして来ただけやと言い通してたな」

「バレたときの言い訳を練習してたんやな」

「愛人のとこに行ってたんなら、この土産を渡してるはずやろと嘯《うそぶ》いて」

「切り返しすごいな。頭良すぎ」

「ルビーの指輪にエルメスのバッグ、それにフェンディの毛皮のコートやろ、そらおかん喜ぶわ。俺が中学に上がるまでずっと自慢してた」

「嘘も方便とはよういうたもんや」

その女性だったかどうかは判らないが、生島がアメリカへ逃亡中の父の久次と再会する為に渡米したときにも寄り添う女がいたらしい。そして、その際に初めて母が違う異母弟がいると紹介されたのが、自分に生き写しの男だったのだそうです。

「その異母弟と連絡は取り合ってるの」

「いや、そのとき一回会っただけ。親父も亡くなって居所も分からんし。もう二度と会うこともないやろ」

「そっか」

「ただ、親父が亡くなってすぐに、会社の近くでそいつらしき男を見かけたことがあるねん。今でもあのときの男は生き別れのあいつやと思ってる」

「血の繋がった弟は」

「二人。十歳違いの末の弟と、一歳下の弟もおった。あと妹が一人。俺が長男やろ、合わせて四人弟妹や」

「おったとは？」

「一歳下の弟は親父が亡くなる三年前に事故死した。俺の車で」

拳銃の事件が時効になった一九九〇年、久次は大阪へ戻っていました。そして、以前と何も変わらぬ生活を開始したのです。生活態度というのは、ヤクザを引退したこと以外すべて同じだったといいます。

「日本へ帰国してからどうしはったん」

「イトマン事件。知ってるやろ」

「有名な事件やな」

「許永中も聞いたことあるやろ」

「もちろんある」

「親父は日本に戻ってから、すっかり許永中に籠絡《ろうらく》されてた」

許永中もまた在日韓国人で、日本名を藤田永中《ふじたえいちゅう》と名乗っていました。わたしは許永中と会ったことはないのですが、許氏のことは、生島と知り合うずっと前に、在日同胞の男と付き合っていた当時に知ったのです。その彼氏の実家が許家と近隣だったため、許氏のことはよく聞かされました。そこに加えて、十代から顔見知りの北新地のクラブのママが愛人だったこともあり、直接は会わなくてもその存在を近くに感じていました。

いつだったか、所用で大阪市北区の民団へ赴いた際には、先述した彼氏が、

「この立派な民団の建物はな、許さんが作ったんやで。すごいよな。在日の星やわ、あの人は」

などと昂揚しながら話していたのをとてもよく憶えております。

「韓国の大統領よりも偉大な人」

少なくとも昭和のある時期において、許永中とは、大阪の在日韓国人にとって大なり小なりそのような存在なのでした。

生島と初めて食事をした際に、「日本でいちばん金があるヤクザの息子の気持ち」を、軽薄な興味本位で聞いたという訳ではないのです。直感的に、自分と同種のような気がしたからでした。勘は的中して、ただの食事だったはずが、生島が見てきた景色や感じてきたことに共感してしまい、すっかり聞き入ってしまいました。

それは在日韓国人に始まり、両親との距離、異母兄弟、学校の先生からいじめを受けたり、身内が悲惨な亡くなりかたをしていたことでした。わたしも仲が良かった異母兄が焼身自殺をしています。こういう経験はあまり類を見ません。しかし、父親が指名手配をかけられテレビで報道されたり、国外へ逃亡したり、戻ったり、撃ち殺される最後を迎えた家族の心境とはどういうものなのか、想像すると胸が痛みました。

相棒、共犯者、仲間、同志、人の関係を表現する言葉は様々ですが、少なくとも生島もわたしと同じように感じたのでしょう。この夜、初めてのデートで生島はわたしに結婚しようと申し入れてきたのでした。現在は別れていますが、わたしたちは同類に違いなかった。今でもそう思っています。

この日より、お互いの連れ子を含めた数ヶ月の同居を経て、生島久次の長男と結婚することとなったのです。それは生島家との関わりの始まりであり、父の久次が遺した財産にまつわること、そして暗殺者を返り討ちにした逃亡者を支える日々の始まりでもあったのでした。

生島の母であり、父である久次の妻でもある福子と面会するには、わたしにたくさんのことを教える必要があると生島は言いました。生島は、わたしと出会うまでに二十八歳で二度の結婚離婚を経験していました。両方とも日本人の嫁で、最初の妻との間に男子が一人おりました。その辺りの危惧について匂わせているのか、ハッキリとは申しません。義母の福子は一家が何も持たないころから久次を支えてきた糟糠《そうこう》の妻で、同じ在日韓国人でした。義父も義母も在日二世で、関西の朝鮮人部落に生まれ落ち、その土地で久次と出会ったのでした。顔立ちは生島とはまるで似ていなくて、大きな二度目《ふたかわめ》の小柄な女性でした。生島からは、「おかんは普通の女じゃないから。気をつけて」と何度も注意されました。わたしは、自分自身もそうですが、自分の生母もかなり激しい女人生を送ってきた女性でしたし、父が再婚後に十三歳で家を出されてからも、女傑と呼ばれるような女性とは様々に関わってきましたので、いくらヤクザの姐さんとはいえ、それほど怖がることはありません。しかし、生島はひたすら「俺にとっては親父よりややこしい人間やねん。親父ですら、『あいつは怖いぞ。小学校しか出てないし、日本語の読み書きもままならんけどな、頭はズバ抜けていい。油断するな』というてたからな」とわたしへと警戒を促しました。どうして実の父と息子でこのような発言が出るのか深いことまでは分かりません。夫の生島は義母を「普通じゃない」と言って毛嫌いしていました。

　同じ女の立場で考えたら、義母の人生は辛苦の連続です。嫁姑問題に加えて夫は家におらず、若い衆やその家族の面倒を見て、本家や組織の慶弔から実家の法事も取り仕切り、夫の逃亡生活中は一人で子どもたちの世話をして、やっと夫が戻って来たかと思えばとんと家へは寄り付かず、そうこうしている間に次男が交通事故で亡くなってしまい、涙の乾かぬうちに夫が暗殺されてしまった。こんな悲しい人生があるのでしょうか。生島へは事あるごとに、これだけ辛い思いや悲しい経験をたくさんしてきた義母の気持ちになってあげてと諭しましたが、まるでダメでした。とにかく、実の母と子でも、先天的に合わない相性というのは存在するのです。

　そしていよいよ、義母と会う日がやってきました。奈良の閑静な高級住宅地へと、生島のエンジン音のうるさい場違いなベンツが違和感を放ちながら分け入りました。山に近づき、緑が増えてきたところ、突然に立派な日本家屋が立ちはだかりました。すでに、わたしたちを迎え入れるため正面の大きな門扉は目一杯に開かれていて、庭や、家の中が丸見えでした。

そして、玄関で並び迎える人の中に、小柄で、ひときわ眼光鋭く、色が白くて背筋のしゃんとした老婦人を見つけました。

「お疲れさん。田舎までご苦労やったね。車はそこへ置いとき」

わたしはこのときまでヤクザの姐さんと個人的に会ったこともなければ、家を訪ねたこともありませんでしたが、その感想は、客の迎え入れ方が独特で、良く言えばヤクザ映画のワンシーンのよう。悪く言えば芝居がかっていると感じました。

「あんたがマリカやな」

「はい。初めまして」

「在日か」

「そうです」

「混ざっとるん？」

「ああはい」

「いつもはな、この門は開けへんねん。お父さんが亡くなってからは裏の勝手口を使うてるから。今日は特別や」

「そうなんですね。ありがとうございます」

門をくぐり、飛び石が敷かれた日本庭園を横切って玄関へ。中はいたって普通の家であった。

高そうな骨董品は随所に見受けられたが、想像したような熊の剥製やら虎の敷物などは見当たらず、それらしいのは玄関にあった模造刀のみ。広々とした空間で、掃除も行き届いていました。まずは洋間の応接室へ通されて、しばらくお茶の用意など整うのを待ってから大広間へ。床の間にこれから夫となる男とそっくりな義父の遺影を見つけて、わたしは思わず、

「お義父さんにお焼香していいでしょうか」

と義母に尋ねましたら、義母は頬を緩めて優しい顔になり、

「お父さんにお焼香してくれるの。ありがとう」

と、嬉しそうに許可してくれました。一通りのご挨拶の後に、生島の妹がわたしたちの目の前でお茶を淹れてくれました。聞けば、義母も義妹もお茶とお花を嗜んでいると話してくれ、

「家の中ではお父さんにも子どもたちにもペットボトルのお茶を飲ませたことはない。不経済だし、このほうが美味しい。豊かな気持ちになるから」とも。この年代の人たちは丁寧に生きている。そう感じました。緊張した面談も無事に終わり、お暇しようと立ち上がったときに、お義母さんから言葉を頂戴しました。

「息子のために、いつも身ぎれいにしといたって。何よりもこの子のことを一番に考えてあげて。わたしにはそれができなかったから。孫には毎日キチンと洗濯したものを着せてやってな。それから会社のことも、そのうちあんたに協力してもらわなあかんことが出てくると

思うから」と含められました。

帰路の車中に、

「お義母さんが言ってた会社のことってなに？」

と尋ねると、生島は、

「親父が遺した不動産会社は俺が代表取締役になってる。おかんが会長や。それと、にいちゃんのこともある」

「にいちゃんのことって？」

「……それはまたおいおい話すわ」


新居は大阪市西区の南堀江でした。そこはわたしが引っ越そうと持っていたマンションに、生島と、生島の連れ子、わたしと、わたしの息子の四人が移り住むことになりました。義父の久次は家族に膨大な資産を残していました。細かいことは知りません。所有した不動産は知っているだけでもオーストラリアと三重県にゴルフ場が二軒、ホテルが大阪市内と東京都内にも一軒、九州に旅館、心斎橋の中心地に大きな駐車場とビル、関西近県にもマンションをいくつかと芦屋に十七ＬＬＤＫの邸宅など。その他は覚えておりません。引越しの際に、生島はアキヒロという弟分を連れて来ました。アキヒロの父が久次の弟分になるそうで、幼いころからアキヒロは生島と生島家に仕えているようでした。芦屋の邸宅は菅谷の親分の家だったもので、そこはアキヒロと家族が手入れのために居住しておりました。アキヒロはわたしを「おかあさん」と呼びました。わたしが年下なのにおかあさんはどうなのかと思いましたが、きっと、わたしのキャラクターと役割からそう呼ばれたのでしょう。

引っ越しが済んでから数日後のこと。会社にいる生島から電話がありました。なんでも、これからすぐに個人宅に設置できる最大の金庫を買ってこいというのです。そんな大きい金庫に何を入れるのかと尋ねることもなく、わたしの返事は「わかった」でした。すぐに金庫屋さんへ走り、個人宅で使うのに最大の金庫を用意してほしいと頼みました。金庫屋さんはわたしの父が懇意にしていた千日前の店だったのもあって、すぐに調達してくれました。

「金庫はいつくんねん。その金庫屋は大丈夫か」

「明日の十五時には入ってると思う。あたしの父が使ってた金庫屋さんだから大丈夫やろ」

二十九歳と二十七歳になったばかりのわたし達でしたが、子どもの頃から社会の裏話を見聞きしてきた者同士ですから、用心深いのも当然でした。翌日の昼過ぎに連絡があり、今から金庫に入れる荷物を運ぶというのです。直前まで予定は聞かされません。彼らは常にいきなり動くのです。こちらは、いつでもそれに対応できるよう心構えをしておかねばなりませんでした。そして、その日は自分の家に何が持ち込まれるのか、何が運び込まれるのだろうかと、些かの不安を胸に抱いて過ごしていました。

翌日、金庫屋さんが帰ったのを見ていたように、生島とアキヒロがたくさんの荷物を持って家へ来ました。それまでは、アキヒロが物を運んで来たり、印鑑や書類を預かってくれと来ることはあっても、生島が自分で荷物を運んだり書類を運ぶようなことは一切ありませんでした。

二人は物々しい様子で慎重にダンボールを運び込みました。いくつあったろうか、六箱くらい。生島が財布から三十万円ほど取り出して、「これは俺らがやるから、映画でも行ってきいや」とお金を手渡されました。わたしはまた、「わかった」とだけ答えて家を出ました。ここでわたしが「なぜ?」とか「中身を教えて」「わたしも手伝いたい」などという女じゃないのもお見通しだったのでしょう。

数日して、生島が許永中の長年の愛人がやっている有名クラブへ一緒に行く必要があると言い出しました。それについてはわたしの知人マダムでもあったため、何故かと問いただしましたら、「おまえと結婚することを報告しに行くためや」と答えました。わたしがそのマダムと知り合いだったのかと尋ねたら、涼しい顔で「いいや」と答えます。知り合いでもないならば、別段に縁のない店へ高いお金を払って行く理由はない。他に何かあるはず。生島に考えがあるならと黙って付き従ったのでした。アキヒロが運転する車から降りて、店へと向

かう道中に、

「マダムとは会ったこともないし、店へも行ったことないけど、俺の顔を見たらすっ飛んで来るで。北新地なんか狭い。どうせおまえが誰と結婚するのか聞いてるやろ」

店内へ入るなり、怖いもの無しで知られるマダムが怪訝な顔をして席へやって来た。

「マリカ、もしかしてこのかたは……」

「マダム、初めてでしょ」

「生島……さん？」

「どうも」

「まあ～お父さんにそっくり。瓜二つやね。初めまして、恵といいます。生島さんにはうちのオトウチャンがそれはそれは、たいへんお世話になって。まあまあようお越しで」

「初めまして。生島の長男です。この度はマリカと結婚することになりまして」

「あー　はいはいはいはい。噂には聞いとりましたが。マリカちゃん、おめでとう。生島さんに幸せにしてもらいや。わたいもね、このマリカちゃんは小さいころから有名人で、昔から知っとりまんねんで」

「それはそれは、マリカがお世話になりました」

「あの、それで、今日、お飲み物はどうさせていただきましょか」

「おまえ何飲むねん」

生島がわたしに水を向ける。短い間とはいえ、わたしもそこそこの顔で水商売をしていたのだから、ここでウイスキーの水割りとは言えない。

「ワイン飲もか」

「じゃあまあマダム、なんでもいいので適当に見繕って選んで下さい」

「わかりました。ではわたいが自ら選んできますよってに、少しばかり席を失礼します」

マダムがワインセラーへと離席した途端にわたしは小声で生島を咎めた。「アホやろあんた。この店で何でもいいからワイン持ってこいとか言うたらえらいもん持ってこられるで。あかんやん」

「ええねん」

「ええねんってあんた！　ヴィンテージのロマネとか持ってこられたらどうすんのよ」

「飲んだらええやん」

「はあ？　飲んだらええやん？　この店はそこらのもん置いてないで。下手したら三百万とか五百万とか」

「まあまあ、何を持ってくるか見ようや。ほんで勘定がいくらになるかも」

「何それ、どういうこと」

そんなヒソヒソ話をしていたら、マダムがワインを二本持ってきた。

「これなんかどないでっしゃろ」

マダムが持ってきたのはシャンベルタンとモンラッシェだった。

「今日はマリカとの祝いの報告ですから、両方ください」

「えっ」

マダムとわたしは同時に声を発した。

「いやいや二本とも飲んだらよろしいやん」

生島の意図がよく分からず、わたしもマダムも落ち着きなく高級ワインを啜《すす》った。時間がきて、お勘定を持ったボーイが席に来た。マダムが、一応の形だけ取って目を通す振りをする。会計は知っているはずだ。生島が勘定書きを見て「祝いやから現金で払いますわ」と帯を切り、百万円足らずを支払った。マダムは、さっきまでの妙な緊張はどこへやら、

「いやあ、生島のボンにこんなようけ飲んでもらって、おおきに。あっ、もうボンはあかんな。お父さんの会社を継いではるしね。えらいすんまへん」

と、マダムはいつもの顔を取り戻したのでした。帰路の車中では生島が今夜の出来事をようやく説明してくれました。

「あのな、このまえ運んだ荷物の中にいくつか書類があったやろ。あれはほとんどが許永中

への貸付や。あの店に飾ってあるガレ、イカール、ゴッホの小品もあるやろ、あんなんみんな俺のもんやで。おまえの家に飾れや」

「えっそうなん」

驚いて、確かに店内のそこかしこに飾ってあったガレの真作ランプや電灯を思い出しました。

その夜は、話の続きをする為にか、生島がお風呂上がりのわたしをリビングへ呼び、馬鹿でかい金庫の前に座らせました。

「おまえに見せたるわ。許永中の債権」

そういって厚さ十センチはあろうかとする金庫の扉は開かれました。

「これ見てみい、上段が許永中や。ここにあるだけでざっと九百億やで」

ワインを二本も飲み干していたこともあってか、生島は珍しく饒舌に説明を始めました。

わたしが、上段にあったいくつかの封筒を側にあったテーブルへと移動させ、書類の金額を確認しましたら、五億、十億は可愛いもので、中には百億円を超える借用書もありました。

「すごいな。これ、返してもらったら?」

「許永中は手配が回ってて韓国に潜伏してる。日本へは帰ってこられへん」

「えっじゃあこの貸したお金はどうするん。返してもらわれへんってこと?」

「警察より先に日本で捕まえな、金は戻ってこんやろな」

「誰か韓国に送りや」

「韓国に人を送ったとしてもや、韓国にある金をどうやって日本へ運ぶねん。表の口座は凍結されてるし、見張られてるから送金もでけへん。かといって物理的に九百億円の現金を安全に運び入れるのは不可能に近い。とはいえスイスの口座を動かしてもバレる。そのまえに、韓国から出たら速攻で逮捕されるからそもそもからして出国自体が無理や」

「どうしようもないってことなん？」

「今のところ、この九百億も紙くず同然ってことやな」

「それでもいくらかは……」

「と思って今夜はあのマダムのとこへ行ったんや。店内にある美術品を品定めしに。それと、俺が親父の会社を引き継いだと知って、金を取るかどうかも見極めたかった。あのマダムは許永中が親父からかなりの金を引っ張ってるのは承知やろうからな。その上で、どうするか見たかった。堂々と勘定書を持ってきたが、値引きはしとったな。おまえのおかげかも」

「マダムから美術品を差し押さえるの？」

「見たところ、店内には大したもんはなかった。どうせ高額な品は巧妙に隠してるんやろ。女相手に細かいもん引き上げてもな。生島の名前に傷がつくわ」

女相手にといってもマダムは六十近くて、あんたは二十九歳になったばかり。と言いたいのを呑み込みました。きっとそれが彼の見てきた男の世界なのでしょう。わたしは、ビジネスには感情を動かさないシビアな男という評価の生島久次という人物が、なぜ、許永中に九百億円以上も持っていかれたのかが疑問でした。酔っていて少しばかり口が軽くなっている生島に、この機にと思って尋ねてみたのです。

「なあ、お義父さんてビジネスにはすごいシビアな人だったと聞いてるけど、なんでこんな大金を貸したん。親父は許永中に籠絡されてたっていうてたけども。許永中はどんな人物で、どうやってお義父さんに取り入ったんやろ」

「まず親父は身体が大きい男が好きやった。それで俺がこうなったんやから、それはわかるやろ」

「うん」

「俺の親父は自分の考えてることを他人に話したり、感情も見せたりせんかった。それは家族にも。何を考えてるか分からん、そういう性格の人やったんや。けども、許永中のオッサンはまるで逆のタイプや。見た目も小柄な親父とは違い、大柄で恰幅が良くて、豪快な反面で人懐っこい。おまけに同じ在日や」

「なるほどね」

「許永中と会うことになったんは、親父にこれからはコンピューターの時代がくるから勉強せえと指示されてたけど全く興味が湧かず。それで次に、高齢化社会がやってくるからと介護資格を取らされてな。親父の友達で飛鳥会の小西っておっさんの息子の世話もさせられて。その後に親父の鞄持ちをしたんやけども、あの頃によく許永中と会うてたな」

「どこで会ったりしたん。どんな感じだった」

「印象的なエピソードはふたつあった。ひとつは、親父は河豚が好物なんやけども、事務所に許がおったときに、大分の、どこどこの店の河豚がそろそろやなあと若い衆にポロっとこぼしたんや。そしたら翌日には大分のその店の河豚が届いた。親父はいたく感激しとった。俺は、親父もこんな単純なことで喜ぶんやなって驚いたわ。もうひとつは、許から東京に事務所を借りたから来てくれと連絡があった。親父に付いて行ったんやけども、その事務所っていうのが帝国ホテルのなかやってん。バブル絶頂期にあっても飛び抜けて豪華な事務所でさ。入口なんか二重の自動ドアになってて内装も総大理石や。帝国やで。あれにはちょっとムッとなったわ。けど親父は喜んでた。当の親父はそういう贅沢は全然せえへん人やったけどな」

「それがみんなそこにある九百億の紙くずになったわけやな」

「そうや。でもまだ許永中が生きてる限りは取り戻せる可能性はある」

「そういうことだったの」

「もし、俺の身に何かあったら、その時はおまえが金庫を開けて、ここにあるもんは全部おかんの家へ運んでくれ。ただ、この茶色い箱だけはアキヒロを呼んで預けろ。おまえが触らんでいいから」

「わかった」

この後も生島の言いつけ通りに、わたしは最後まで茶色の箱の中身について知ることはなかったのですが、直感で拳銃と分かっていました。

普段の生活は専業主婦で、二人の子どもと生島の世話をして過ごしました。夜は子どもたちを九時に寝かせたら、生島がいる飲み屋へ出向くこともあったのです。どういうわけか、わたしの歴代の夫や彼氏たちというのは、せっかく素敵な女性のいるクラブやキャバクラにいるというのに、楽しく騒ぎたいときなどは、酒席にわたしを呼び出すのが常なのでした。生島はアキヒロや社員といることもあったし、一人でいるところに呼ばれることもありました。わたしの記憶では、そのころの生島に友達といえる存在はおりませんでした。ですから、わたしが仲間であり、友であり、遊び相手であり、妻であり、子どもたちの母でもあったのです。わたしは会社へは行かず、家にいるのがほとんどでしたが、身内同然のアキヒロとの打ち合わせなどは自宅でやることが多かったのです。時には生島の所有するゴルフ場へ赴くこともありました。生島は弱冠二十七歳でゴルフ場のオーナーだったのでした。それでも、生島なりによくやっていたと思います。しかし、ヤクザの家に生まれたのに心根が優しくて、年上を敬うとか、譲るとか、出しゃばらないとか、礼儀作法が本当によく躾けられていて、出自を聞かねばどこのお坊ちゃんかと思うような気高さがありました。そんなこともあって、ゴルフ場の理事会で老獪な爺たちとやり合うにはまだまだ幼なかったのです。いくら生島が特殊な環境で育っていたとしても、日本にいれば、特に関西ならば、生島の名前で守られていたことは明らかですから、それこそ怖いものなしだったことでしょう。誰の助けもなく身一つで生きてきたわたしとは違いました。いつしか「おまえとおったら親父といるみたいな気分になるわ」とまで言われ信用されるように。徐々に仕事の相談などもしてくれるようになりました。不動産取引の立会いに同席したり、契約書を整えたり、生島を裏切って小切手や手形を持ち逃げした社員を探したり、物件の調査へ向かったり。わたしなりに、縁があって嫁になったのだから、義父が遺してくれたものを嫁ぎ先の家族のためにも守りたい、という一心だけで頑張っていましたが、それでも、お義父さんが生きていてくれたらと思うことは一度や二度ではありませんでした。

このように絆を深めつつ、生島にとってわたしが重要な役割を務めているのが理解できてきました。

時どき側近のアキヒロがどこやら出張へ向かうのですが、場所は誰にも告げません。現金を持って行くこともあれば、義母の創作した韓国風の煮込み料理を持って出かけたりもしていました。

冬の気配が見え隠れする秋。朝起きると生島が子どもたちを本家か託児所へ預けろと言い付けてきます。いつも突然でした。

「どこ行くん」

「にいちゃんとこ」

「にいちゃん？」

「朗にいちゃん」

「あんた長男やんか」

「逃亡者はな、北へ向かうんや」


北海道行きの飛行機の中で「朗にいちゃん」について説明を受けました。生島が唯一にいちゃんと呼ぶ人物こそ、義父の久次が銃撃戦で倒れた際に、相手方のヒットマンの一人を撃ち殺したボディーガードだということでした。

「おまえと初めて飯を食いに行った夜に、家庭教師から食べ物を横取りされた話したやろ。あんときに、俺らの世話係であり親父のボディーガードがおるって話は覚えてるか。それが朗にいちゃんや。俺の兄貴分。親父の仇を討ってくれた」

「ということは、そのにいちゃんは指名手配中ってこと？」

「そうや。大きい声でいうな」

「もしかして、今からそのにいちゃんに会いに行くん？」

「逃亡者っていうのは孤独やからな」


にいちゃんの名前は古市朗。彼は生島が幼ないころから父の久次に付いていて、子どもたちが海水浴や行楽へ出かける場合も同行したと聞きました。それは、わたしの夫の父であり、生島組の組長であった生島久次からかなりの信頼を得ていたことを顕しているのでしょう。義父の久次が襲撃され、敵のヒットマンが放った銃弾に倒れたその日も、にいちゃんは中之島のロイヤルホテルから、会社のある梅田の駅前第三ビルへ向かう久次に同行しておりました。車は、三十四階建ての同ビルの前に付けられ、助手席のにいちゃんが久次を降ろすべくドアを開き、そして、二人が正面玄関から建物をくぐろうとした刹那に、大通り側から近づいてきた山口組系の組員二名から銃弾を浴びたのでした。久次は至近距離から六発ともいわれる銃弾を腹に受け、敢えなく絶命しましたが、その場にいたにいちゃんが、犯人二名のうちの一名を銃で仕留めて現場から逃走。そのまま今日に至るまで逃亡生活を送っているとのことでした。敵討ちとはいえども殺人者です。それまで人を殺したことのある人間と会う機会などはありません。この、逃亡者との密会はどうなるものかと、北に向かって揺れる機内で不安に怯えていました。

千歳空港へ到着すると、アキヒロが迎えに来ていました。そこからどれくらいタクシーを走らせたでしょうか。一時間も往路を行くと、ハイツとマンションの間のような、ごく一般的な建物ににいちゃんの潜伏先はありました。わたしの、(にいちゃんの住むところは、ものすごく豪華か、ボロいかのどちらかだろう)という予想は外れて、ほんとうにどこにでもある普通のマンションだったのが驚きでした。アキヒロが先導して、わたしと生島が続きました。ドアが開かれると、部屋に上がってすぐのリビングでにいちゃんは待っていました。

室内にソファーとテーブルは見当たらず、代わりに卓袱台《ちゃぶだい》があって、わたしたちもにいちゃんと同じくアキヒロが用意してくれた座布団に座りました。にいちゃんは生島を見てとても嬉しそうに「元気やったか」「変わりないか」と生島が尋ねるべき言葉をかけていました。にいちゃんはわたしを見て、「可愛やん。こいつのこと頼むで」と何気ない軽口で、わたしの緊張を解いてくれたのでした。わたしは、にいちゃんの潜伏先へ到着するまでの時間に、逃亡者に会う心得と逃亡者の生活についての説明も受けていました。

――にいちゃんって逃亡中の生活はどうしてるの

――おまえの考えてる通りや。この一年半はアキヒロが金を運んでる

――マンションは賃貸やんな、どうやって？　誰の名義で？

――親父が殺されてしばらくは、おかんはもちろん、俺やろ、俺の前の嫁やろ、弟妹やろ、アキヒロにも公安がバッチリ付いてたからな、こっちに動いたんは半年前や。名義はアキヒロになってる

――それまではどうしてたん

――親父は逃亡中に引退して、組は親父の実弟が継いだんやけど、その関係各所を回ってた。その他にもおかん名義や、他人名義にしてあるヤサもいくつかあるからな

――そうなんや

――せやけど人間には限界ってもんがあるんや。何ヶ月も穴倉にはおられへん。だけど、関西近辺をうろうろはできへんやろ。コンビニすら行けへんて。ほら、あれ見てみ

飛行機から降りて、到着ゲートを通り抜けたあたりで生島が張り紙を指差しました。そこには赤軍、オウム真理教、など名だたる凶悪な指名手配犯に混じって、古市朗の名前を見つけました。

「にいちゃんや」

にいちゃんはわたしたちと出かけるとなってウキウキを隠せないでいました。

「よお、寿司屋でええか。気に入ってる店あんねん」

「どこでもええで。にいちゃんの好きな店に行こう」

「明日はジンギスカンでええかな。行ってみたい店があるんや」

「ええで、ジンギスカン食べよう」

玄関を出てエレベーターに乗り込むと、皆に若干の緊張感が走ったのがわかりました。

「マリカ、ここからにいちゃんのことは松本さんやで。松っちゃんな」

「わかった」

「俺らは関西出身やけど夫婦で東京に住んでる。にいちゃんは長野の出身で親父の弟や」

「はい」

「飲み屋で気が緩んでもそこらへんは絶対に気をつけろ」

エレベーターを降りて建物から出ると、にいちゃんは被っていた野球帽を深く被り直しました。

寿司屋へは頻繁に訪れていたようで、何人かの常連客から声を掛けられていました。にいちゃんは終始にわたって笑顔を絶やさず、甥っ子が遊びに来てくれた幸せな叔父をやっていました。次に向かうのはクラブでした。逃亡者というのは基本的にやることがないので、文援者がいる場合は必然的に飲む打つ買う、で時間を過ごすことになるそうです。特に、にいちゃんの場合は一年ほど地下へ潜っていたので、その反動もあったのでしょう。移動先を北海道と希望したのも、食べ物が美味しくて、ススキノという大きな歓楽街もあれば、美しい自然もあり、大好きなゴルフもできるし、何より北海道は広い。しかも北へ行くほど他人への干渉は少なくなるようで、そんなのも関係していたのだと思います。

一件目のクラブで上機嫌になったにいちゃんは、二件目のクラブへとわたしたちを誘いました。その店は初めてだったようで、開拓のために立ち寄ったのでしょう。しかし、そこで予想外のことが起きました。

「あら、初めまして」

次々と年齢も様々な女の子たちが座ってくれます。

わたしは、にいちゃんの設定を心の中で繰り返していました。わたしたちは関西出身で東京に暮らしている夫婦、大病を克服した父の弟に会いに来た、名前は松本で、長野県の出身……

「関西弁やね、どっから？　大阪？」

「い、いいえ。わたしたち夫婦の出身は神戸なんですが、もう二十年以上も東京に住んでいます。こちらにいるのは社員の石田です」

アキヒロが小さく会釈した。

「あー　なら東京からね」

「はい」

「その野球帽のお兄さんも？」

一拍置いたにいちゃんが、

「いや、俺は違う」

「こっちにいるんだね」

「住んでるよ」

「そうよねー　どっかで見たことあるもん」

わたしたちの顔が凍りつきました。

「いえいえ。お兄さんがこっちに引っ越してきたのは最近だから、それはないと思います」

するとそのホステスが続けざまに、

「どこに住んでるの」

と聞いてきたのです。わたしは内心でこの行儀の悪いホステスを詰ってやりたかったが、
にいちゃんは、

「○○町や」

と、すんなり答えてしまった。ええ〜っ、そんなの簡単に喋っていいの？　ヤバいじゃない。

焦ったが、考えてみれば頑なに隠すほうが不自然になるのだろう。固唾を飲んで見守ってい
ましたら、案の定、

「ええ〜　うちと近いわ」

「どこー？」

「うちは〇〇町よ。趣味はなんなの」

「俺の趣味はゴルフやねん」

落ち着いて聞けば他愛もない会話でした。意識し過ぎたのです。

「え〜　私もよ。そんでこっち来たんだ。家も近いし、今度一緒に回ろうか」

「おお、そうしよう」

和やかに会話は続きました。そんなこんなで一安心したところに、

「それにしても、お父さんの弟なのにぜんぜん似てないね」

またもやギクッとする一言が生島に投げられました。

「そうなんですよ。ぜんぜん似てないでしょ。僕は母似なんです」

「だって、身体もお兄さんはものすごくでっかいじゃん。百九十センチくらいあるべ」

「そんなにないです。横幅もあるので実際よりも大きく見えますが、百八十センチとちょっと」

嘘ばっかり。百八十八センチはあるはずだが、ここは生島がうまく胡麻化してくれました。

「いや～　焦ったな～　二件目の店」

「ドキッとしたわ」

「さすがに『どっかで見たことある』で、にいちゃんも顔が強張ってたよ」

「びびるわ～」

「気をつけねえとな」

各々が言い合って、開放的な郊外の夜道に缶コーヒーを片手に帰路へ着きました。

誰が考えたって、転勤でもない限り本土から単身の男性が北の大地に移り住むのには事情があるはずです。なのに、北海道の人たちは深く詮索せず、仲良く話を合わせてくれるのだと帰路の道中ににいちゃんは話しておりました。

わたしたちがこれを機に北海道へ通ったのは、にいちゃんという逃亡者の孤独を癒すとか、にいちゃんが時効を迎えるまで現金を運ぶというのも大きな役割でありましたが、一番は、にいちゃんには訪ねてくる家族がいるという事実を作る必要があったからです。つまり偽装が最大の目的でした。社会と断絶せねばならない疚《やま》しい理由で北海道に蟄居《ちっきょ》しているのではない、とアピールするのも、逃亡者が自然と土地に溶け込むために必要なことだから、とは生島が教えてくれました。

そんな刺激的な生活と生島に別れを告げてから五年後。それは二〇〇五年の十二月二十三日に起こったのでした。

その日まで、まさかもう一度この名前を思い出すとは思いませんでした。

事件を知ったのは、わたしにかかってきた一本の電話でした。

「おい、マリカ。生島さんの実家って奈良やったよな。お義母さんの名前は福子さん？」

「そうやで。なんで」

「今すぐ、テレビを点けてみ。ニュースに出てるよ。放火かもって」

電話を放り投げてリビングへ走りました。ニュース画面には生島福子の名前と他一名とあり、次に、見慣れた日本家屋が映し出されて、わたしは眉を顰めて声を詰まらせました。

（お義母さん！）

耳にはアナウンサーの「……半焼しました」だけが入ってきました。

わたしは自室へ戻り、電話の向こうに大声を出して叫びました。

「生島の本家で間違いないわ！　お義母さんに間違いない」

「もう一人も亡くなってるって報道あったで」

「一番下の弟やと思う。まだ二十代も半ばなはず。何てこと……」

わたしは風の噂で、わたしと別れてからの生島が荒れた生活を送っていたのを耳にしていました。なんでも、半年で十億円ほど飲み食いしたそうです。それから、義母との仲も取り沙汰されていました。元から不仲な母と息子であったのは、身内なら誰でも知っていたことです。

生島はよく、「金があるからアカンねん。ぜんぶ失くしてしまいたい」「この家は呪われてる」「しがらみや因縁を断ちたい」そう口にしていたこともありましたし、義父の遺した財産の他に、義母にはかなりの額の預金があるとも話していました。数年間も放蕩して遺産を喰い尽くした生島が、義母とどのような関係になっていたかは想像するしかありません。しかし、わたしは確かに疑ったのでした。


「あんたが殺ったやろ」

「殺ってへん、殺ってへん」

「どういうことか説明して」

「おまえも知ってるやろう、おかんが精神安定剤と一緒に酒を飲むのを」

「それで、何でこうなるのよ」

「火元は勝手口の近くに置いてたストーブや。おかんはそこで洗濯物を乾かしてたみたいでな。弟は、風呂場の脱衣場でパンツを穿いた状態で見つかった。燃えてない。煙に巻かれた」

「出入り口は他に何か所もあったわ。一か所だけじゃないやないの。正面玄関から出れるし、縁側から庭へも逃げられたはずよね」

「おかんは寒くなってきたら雨戸を閉めるんや。今は十二月やから、締め切ったままやったんやろ。そこに酩酊してたから、冷静な判断はできへん。しかもおかんは風呂におった弟を何とか助けようとしたみたいで、風呂場前の廊下で倒れてた」

「あたしには分ってるで。あんたやろ」

「俺じゃないって」

「じゃあ誰よ！」

「誰でもない。単なる事故や」


　それから約十ヶ月後の翌年二〇〇六年の十月。テレビを視ていたら、指名手配中の犯人が逮捕されたという速報が流れました。わたしは何だか胸騒ぎがして、テレビの前から動けませんでした。ニュースは、約十年前の一九九六年の八月に起こった義父の射殺事件が再放送され、そして、画面に全国指名手配犯の古市朗と名前がテロップで流れました。連行される犯人は、朗にいちゃんでした。あともう少しだったのに。にいちゃんは時効まで逃げ切ることができなかったのでした。

五年前まで北海道にいたはずのにいちゃんが、なぜかたまたま訪れた秋田の知人宅で逮捕されたというのです。しかも逮捕のきっかけは、「似ている人がいる」という善意の第三者から匿名の密告と報道されました。

この前年。わたしが生島へ義母の事件のことで問い合わせたときの世間話として、にいちゃんの安否がありました。

「にいちゃんなあ……元気は元気やで。毎日ゴルフ行って、葉っぱ吸って元気に暮らしてるよ。それにしても、逃亡者を支援し続けるというのはほんまに大変や。にいちゃんの時効はあと十年以上もあるしな。逃亡生活が長くなると、逃げてる人っていうのはどんどん我儘になるから、金かかってしゃあないねん。このまえも喧嘩になったとこや」

現在、生島は連絡先を変えてしまったため、もしかしたら日本に居ないかも知れないし、もう生きていないかも知れません。ですが、色んな人と出会ってきたわたしが、唯一、自分と同じくらい数奇な運命を生きたと思える同年代の人物が生島久次の長男であり、わたしの夫だった男でした。

何もかもぜんぶ捨てたい。親父のしがらみを終わらせて、別の土地で違う人生を生きたい。

皮肉にも、父を射殺され、母を火事で亡くし、弟たち二人それぞれを交通事故と焼死で失い、そして、誰よりも信頼していたはずの朗にいちゃんまでも仲違いしたまま手の届かないところへ行ってしまい、九百億円の債権も、ホテルも、ゴルフ場も、ビルも、数軒の豪邸も、義父の遺した会社も、しがらみも、血縁も、すべてが綺麗さっぱり無くなりました。これで生島久次の時代は完全に終わり、何もかもが一掃されたのでした。

元夫が今どこでどうしているのか知りません。でも、もしまだ日本のどこかにいてこれを読んでくれたなら聞いてみたいのです。

何もかもぜんぶ捨てたい。あの日、愛用のナイフを眺めながら悲しそうな目でそう言っていたあなたの希望は、完全に叶えられたのでしょうかと。

第五章　歌舞伎町の鬼

二〇一六年に四番目の夫と離婚が成立して、それまで住んでいた外国からひとり東京へ戻っていました。数年間、仕事以外はいっときも離れず常に側にいた夫との不本意な別れはわたしの心をズタズタに引き裂いていました。四十手前という年齢で物書きになりたく覚悟を決め上京したのに、夫の住む海外へと渡ったのです。

トラブルに巻き込まれながらも幸せな結婚生活を送りつつ、初志貫徹すべく二〇一五年にはどうにかこうにか目標のデビュー本を出すことができました。刊行後すぐからいくつかの要素が重なって、ありがたいことに、わたしの名前も少しずつ世に知ってもらえるようになりました。しかし、お堅い業界にいた夫は目立つことを嫌いました。ようやく日の目を見ることができてこれからというところなのに。そんな思いが胸を過ぎりましたが、わたしにとっては四回目の結婚で、今後の人生は、ずっとこの夫に寄り添い、楽しく幸せで平和な一生を終えるということを願っておりましたので、夫の言葉にしぶしぶ従いました。

出版関係者は、わたしが幸せな結婚生活に満足していて物を書いて発表することを止めてしまったと思っていたようでした。実際にそうです。愛する夫の要求に従ったのは、わたしが物を書くことよりも夫との結婚生活を選んだからです。息子は大人たちに呆れて家を出て行ってしまいました。

別れがくるとは思わなかっただけに、夫と息子、その突然の喪失感に、これからどうして生きていけばいいのか、自分の人生とは何なのかが分からなくなっていたと思います。失った時間を埋めるべく出版関係者に連絡を取り付けては何とか再び物を書く環境を取り戻そうとしました。しかし、焦れば焦るほど良い結果を生みませんでした。気持ちここにあらずで、編集者や業界関係者とのコミュニケーションが上手く運ばなかったのです。トドメになったのは離婚でしたが、大物作家との裁判や、それまでに重なった様々に嫌な出来事から、重度の人間不信に陥っていたのです。振り返って考えれば、心がついていかなかったのでしょうか。

わたしは自分の居場所を探しに夜の街へと逃げました。彼らは代金さえきちんと払えば、いつだって暖かく迎え入れてくれますから。ところが、銀座という慣れ親しんだ街に出かけることができなくなりました。なぜならば、行く先々で、

「今さっき、いらっしゃっていたよ」

「マリカさんのことを聞いてきた」

「会いたいみたいな口調だった」

「寂しそうにしていた」

そんなことを聞かねばならないからです。彼らに悪意があったとは塵《ちり》とも思いません。別

れたと伝えても、喧嘩しているくらいにしか受け取られていなかったのかなと。数年間はそのような感じでした。

とはいえ、思い出のある東京の居宅に夜ひとりぼっちで過ごしていると、投げかけられた言葉や別れの経緯を思い出して居た堪れない。そこでわたしは、全く知らない街へと向かうことにしたのでした。

そうだ、歌舞伎町へ行こう
銀座のクラブは女《ホステス》が接客します。デリケートな女性はちょっとした冗談や何気ない言葉に傷つきます。わたしは離婚で荒れていたので遠慮なく我儘をいって発散したい。けれども女性相手では気を使ってしまう。結果、大金を使って疲れる、という無意味な時間を過ごしかねない。ならば男《ホスト》を相手に暴れたらいいのではないか。若くても男《ホスト》は男《ホスト》だから気を使わなくていい。日本随一の歓楽街歌舞伎町のプロの男《ホスト》ならば、荒れて酒ヤクザと化したわたしでも受け止めてくれるはず。そんな甘えと同時に、どうせなら、歌舞伎町でとことん悪い男を見てみたい。女性が一晩に何千万も使うような男たちをこの目で確かめたい。そういうどこか物書きとしての邪な下心もなくはなかったと思うのですが、動機の大部分は知らない世界への興味でした。自分への言い訳を万全にしただけです。

新宿へは伊勢丹以外に訪れることはありませんでした。もっとも十五歳のころ、バブル期に銀座でホステスとして働いたときに、歌舞伎町の超有名ホストクラブへ札束を持ってひとりで遊びに出かけたことはありました。しかしそれも、一、二度だけです。報道などで知る限り、歌舞伎町は物騒で怖いという印象でした。若い時分を東京に暮らした父からも歌舞伎町は手や足が落ちているような場所だから行かなくてよいと脅されていたのもありましたし、その後は自分が歌舞伎町に足を踏み入れることは一生ないと思っていました。

　それから数十年が経過して、わたしは充分以上の経験をした四十五歳になり、もう怖いものはなくなっていました。とはいうものの、歌舞伎町は右も左も分からない。どこでどのように店を選んで行けばいいのかさえ覚束ない。身の回りにはホストクラブへ行く友人もいなかったし、ネットで検索なんてことすらも思い浮かばなかったのです。そうして恐々と宛もなくほっつき歩いていたところに無料案内所の看板を見つけて、いわゆるキャッチと呼ばれる勧誘員に声をかけてみました。

「ホストクラブへ行きたいのですが」

「探してるのはどんなお店ですか」

　それから数分後。十五歳のころ行ったことがある程度の老舗有名店のドアを三十年ぶりに開きました。ドキドキしながら地下への長い階段を降りるにつれ生演奏の爆音が轟いてきます。「ようこそ！」「いらっしゃいませ！」というホストたちの景気の良いお出迎えの声がけ、目の前に広がる金や銀を主とした過剰なまでの装飾を施した店内は、一度でも目に入れたら忘れられない内装で、遠い記憶を懐かしく思い出させてくれたのでした。

この夜、歌舞伎町のホストクラブへ足を踏み入れるにあたり気をつけたのは三つのルールでした。ひとつ目はお化粧をしたり綺麗な格好をして行かないこと。ふたつめは女を感じさせる振る舞いはしないこと、最後は、この街で知り合った男には絶対に下着を脱がないということでした。それもこれも、自分自身を守るためです。弱っていたわたしは自分の理性や自制心に自信がなかったからです。

「ご指名は」

「悪そうな方をお願いします」

「は？」

「悪いホストがいいんですよ」

シャンパンを三本ほど空ける間に店内ひと通りのホストが座ってくれたのですが、わたしが思い描くような悪い男はいません。支配人が早く指名を決めろとうるさく言ってきます。

「ご指名はお決まりでしょうか」

「いや、それがいないのです。悪そうな男が」

「あのう……悪い男がいいと漠然とおっしゃられましても困ります。見た目に背が高いとか、サラサラ髪の王子様ふうとか、ワイルドな感じとか具体的にお好みをおっしゃっていただきたいのですが」

「では、あのキツネ目のナンバーワンをお願いしてみようかな」

丁度そこへ、さっきから何度もわたしの目の前を通りがかる目つきの鋭い男と視線が合いました。一階の入り口横に貼り出された売り上げ順位の一位にいた、どう見てもハンサムとは言い難い男です。見ればなかなか悪そうな面持ち。試しに席へ呼んでみることにしました。

「お邪魔します。関西ですか？　僕も関西なんですよ」

その男は関西弁を使うわたしに合わせるためなのか、馴れ馴れしく話してきました。仮にその男の名をJとしましょう。それまで席に座ったホストたちはわたしの様子を窺うのみで自分の話を一切しなかったのに比べて、このJは、自分の話を嘘か真か初対面のわたしにペラペラと語り始めたのです。

Jには結婚の経験があり、離婚して上京してきたと言いました。前職は居酒屋とバー、建築会社を営んでいたとか。飲食店は畳んで、建築会社だけは現在も細々とではあるが二名の社員のため経営しているとも。年齢は三十五歳で一年前に歌舞伎町へ来たと、親近感を呼び起こす会話で自己紹介してきました。

「三十四からホストって何があったんやろ」

「地震から経営が上手くいかなくなって。めっちゃ借金できてもうてん。腹くくって東京に出て来たわ」

地震とはあの大震災のことだ。ずいぶん前のことだけれど、その被害が長期間にわたった末に経営破綻して一年前に東京へやって来たということなのか。関西の人間の多くが、あの阪神淡路大地震の影響で、自分や家族や親戚や友人に大なり小なり何かしらの被害があったので、赤の他人でも地震の話題をされるだけで無条件に同情心が沸き起こるのです。

やっと面白くなってきたわ。そう直感して四本目のシャンパンを注文しました。

「なああなあ、今日のお会計はどんな感じ？　初回のお客さんは抜きもの四本までって決まりやねん。それに指名を決めないと現金かカードしか無理やねんけど」

「指名はまだ決めない。次に来たときにする。ならこのシャンパンが今夜の最後のオーダーということね、了解。カードで決済して」

「分かった。じゃあちょっとカードを預かれる？」

「どうぞ」

某外銀が発行するカードをJに手渡した。

「何これ、見たことない」

「認証しない店もあるのよ。もし通らなかったら言って。銀行ATMで現金を出してくるから」

歌舞伎町には銀行がありません。もしあったとしても、中心部にあるその店からはかなり遠くに所在するらしく、酔っていては歩いて行くのが面倒に感じました。すると、なんとその店前のコンビニエンスストアでは大金が引き出せるというではないですか。さすが日本一の歓楽街だ。「コンビニまでご案内しますよ」店の奥から年配の男性が現れて、目と鼻の先に見えるコンビニエンスストアまで付き添うと申し出てくれました。ご案内とは体裁で、わたしが逃げないよう見張りに付いて来るのです。せっかくの酔いが台無しになりそうで嫌でしたが仕方がありません。四十五歳にもなってコンビニの前で一、二、三、とお札を数えながら飲み屋への支払いを済ませました。

「明日は一日忙しい」昨夜はそう伝えてタクシーに乗ったのに、早速Jから連絡が入りました。

「実家の用事あって新幹線で関西に向かってるねん。戻ったら一緒にご飯しよな。明後日には帰るからそれまで待っててよ」

「少しでいいから電話で話せない?」

どこへでも勝手に行けばいいのに。自分の留守中に指名を取られたくないからだろう。そのくらいわたしにでも分かる。

「ごめんね、ちょっと手が離せないから。東京に戻ったら連絡して」

そう返事をしておいたのにも関わらず、電話が鳴り響きます。その日わたしは日本ペンクラブのパーティーへ出かけることになっていました。推薦してくださった浅田次郎先生と吉岡忍先生にご挨拶をしに伺うことが決まっていたのです。わざわざこの日のために京都の呉服屋さんが着付けに駆けつけてくれてもいました。わたしの周囲にはしつこく電話を鳴らす方はおりません。そのため着信音を切るのを忘れていたのです。着付けの間中、アマン東京の美しいスイートルームに鳴り響く呼び出し音には心底いらいらさせられました。時代が変わったのでしょうか。このような振る舞いで老舗店のナンバーワンというのが驚きでした。わたしの持つ水商売の常識が塗り替えられた瞬間です。帯が巻けたので着付けの女性に断ってJの電話に出てみました。

「おまえ、さっきからしつこいんじゃ。二度と連絡してくんな!」

しばらくの沈黙に驚きが伝わってきます。わたしは言うだけ言うと、相手の返事を待たずに電話を切りました。

翌日の日暮れ。また着信がありました。いい加減しつこい。相手の都合はお構いなしか。わたしに小さな怒りが芽生えました。対応はせず、年下の友人を誘って飲みに行きました。Jの店へ。

「あのう、本日Jさんはお休みなのですが」

Jの子飼いヘルプのダンが困った顔で告げに来た。

「知っています」

「マネージャーを呼んで下さい。ダンちゃん、今日から指名はあなたね」

「えっそんな。僕がJさんに怒られます。Jさんにお願いします」

「Jに怒られるも何も、わたしはまだ誰のことも指名してないわよ」

マネージャーが飛んで来ました。ナンバーワンが連絡を取り付けている新規の現金カード客をナンバーワンの留守中にヘルプを指名につけるのはルールとしては違反でなくとも店としてご法度かもしれないことでした。ホスト同士が揉める原因になることは予想できる話です。ただし、同じグループのメンバー同士なら指名を取られてもグループ内の成績と店売りは上がる。さあどうする？

「マリカ様、ご意向は伺いましたが、本日はJさんがおられませんので、ご指名の決定は後日でいかがでしょうか」

老舗だけあってさすがに丁寧な物云いです。

「昨夜は初回で指名は決めなくてもいいけど、二回目の来店では必ず決めてくれって言われましたよね」

「はい。そのように申し上げましたが、ご連絡はJさんと取り合っておられるようですし、次のご来店時に指名決定で申し送りさせていただきます」

「いやいやいや、特別扱いは他のお客さんに申し訳ないわ。ここは来店二度目に指名を決定するルールでしょ。しかもそれは永久指名で、一度指名したら担当が辞めるまで指名の変更ができないよね」

「おっしゃる通りでございます」

「なら指名はこのダンちゃんで。Jではなくダンちゃん。それがわたしの希望です。お客さんがそう言っていますので」

「かしこまりました」

さすが海千山千の女傑が顧客にいる老舗店です。店側は揉め事になるのを承知でわたしの遊びを公認したのでした。

二日と空けずに再び老舗店へと足を運びました。Jはもう関西から戻っていることでしょう。

「なあ、ダンが指名ってどういうことなん」

「どういうことも何もないよね」

「俺が関西から戻って来るまで待っててよと言ったよね」

「そんなこと言ってたっけ？　憶えてないわ。というか何であたしがいちいちJを待たなアカンのかな。別に何の約束もしてないし。そんなこと命令される謂《いわ》れはないねんけど。客がいつ来ようと勝手やん。あたしは自分の好きなときに飲みに来たいねん。勘違いせんとって」

「普通な、こういうお店では……」

「おまえさ、初回のときに次回は必ず指名を決めるのが店のルールって言わなかったっけ。もしこれ以上ごちゃごちゃうるさいなら、もう二度とあたしの席に座らなくていいし、気に入らないなら店にも来ない。それだけ」

歯痒い顔色のJをよそに涼しい顔で嘯《うそぶ》きました。Jの指名じゃなくても店内Jグループの売り上げ貢献にはなるはず。わたしは少し気難しいだけで、ホストに抱かれたい色客というわけではなく、連絡も最低限の返信しか求めず、ニコニコ現金カード払いで楽しく飲むだけで大金を使うという、ホストにとってみればとても楽ないい客です。プロならば、そんな客を切り捨てる理由がないのは分かっていました。

それからひと月は足繁く毎晩か下手すれば日に二度もその老舗店へ通ってどんちゃん騒ぎをしたのです。もちろん指名はJのヘルプのダンです。それまでナンバー十位にも食い込めなかったダンがわたしの指名でナンバー三位にまで繰り上がってきました。初めこそ恐縮していたダンでしたが、売り上げが伸びると喜んでいました。ダンも関西出身で、事情があって妻と離婚後に歌舞伎町へ流れて来た子煩悩な三十男でした。初めのころこそJに遠慮がちでしたが、色を求めないわたしの席で頑張って飲んだり、踊ったり、芸をしたり、一生懸命わたしを楽しませようとしてくれていました。当初はあまりにもわたしがバンバンお金を使う姿にJは苛立ちを隠せませんでしたが、とうとう何も言わなくなりました。

ダンは関西でも屈指の進学校を出ていました。聞けば借金の関係から別れた妻の元にはふたりの子どもがいて、ひとりはあるスポーツ種目で国体に出場するほどの実力でした。もうひとりも某会の模擬試験で全国二位になるなど優秀なのです。しかし、質の良い家庭教師や塾はお金がかかるものですし、スポーツも、上手くなるほど合宿だ何だと経費が嵩みます。わたしは自分が子育てをするとき、まったく貧乏で、息子のためにお金を捻出するのが大変だったことを思い出しました。彼らの事情を聞いて、子どものために頑張るダン夫婦を応援したくなりました。どうせお金を使うなら必要なところに流れてほしい。ダンの子どもたちが大学に入るまでと決めて毎月の送金を決めました。ダンの妻は、しっかりした女性で、わたしが送金すると必ず一週間以内には子どもたちに買った備品、時に成績表や真新しいユニフォームを着た写真や塾への支払い証明書に至るまで使ったものをキチンと知らせてくれたのでした。そのうち、わたしのほうがそのお知らせを待ち遠しくなっていたほどです。自分のお金が正当なところで役に立っている喜び。たいへん嬉しく思いました。ダンはダンで律儀な男で、客席でも構わずわたしへの感謝を申し述べてくれていました。

初めて訪れた夜よりほどなくして夏祭りのイベントで浴衣を着るからと連絡があり、その日は盛り上がってJとダンを連れ銀座までアフターへ行くことにしました。普段はなかなか歌舞伎町の外へ出ることのないのが歌舞伎町のホストです。彼らはわたしの友人の店ということもあり、羽目を外して大はしゃぎでした。夜も更けてJとダンが綺麗なおかまちゃんと戯れるうち、おもむろにJの胸元が大きくはだけました。

「あらあ、お兄さん。立派な彫り物なさってるぅ」

お店のおかまちゃんがJの肌に刺した色鮮やかな和彫を認めました。

「どれ、ちゃんと見せて」「いやいや、何でもない。忘れて」と数回ほど問答して、わたしはJの横にいたおかまちゃんに「いいから脱がしちゃって」と号令をかけました。もみくちゃにされたJが「脱がされるなら自分で脱ぐわ」と宣言して立ち上がり、派手な浴衣を脱ぎ捨ててパンツ一枚の姿となったのです。

「あんた、それ素人の彫もん違うで」

「そうやな」

「ヤクザやっとったんか」

Jは、はあ〜と返事の代わりに深いため息をつきました。

「ちょっと話してみいや」

「話せば長い」

「聞いてみたいねん」

「面倒くさい。本名を言うから自分でググって」

その場で検索をすると、Jの本名でいくつかの事件がヒットしました。報道媒体に見つけた記事の内容には、Jが広域暴力団二次団体の組員で、ヤクザとしては決して恥ずかしくない罪を犯し、それほど昔ではない時期に逮捕されていた過去が見つかったのでした。

そこそこの組に所属した過去があって、今は老舗ホストクラブのナンバーワンとして活躍するJの身上に興味を持ちました。正確にはヤクザとホストの親和性というやつに。

Jは関西地方でスナックを経営するシングルマザーの元に生まれました。物心がついたときには家に刺青のあるおじさんが出入りしていたそうです。中学校を卒業後にごく自然と地元の不良へと仲間入りをして、十八歳で最初の結婚あたりから本格的にヤクザになったということでした。

「ということは、居酒屋とかバー、建築会社を経営してたってのは真赤な嘘か」

「嘘じゃない。ヤクザのシノギでやってた」

「何でこっち来た?」

「……」

「組の金に手を出したか」

「出すわけない。俺は親分への上納金が組内でも上位やった」

「ヤクザもう辞めたんやろ」

「辞めたよ。とっくの昔に届けも出したし」

「なら話してよ」

「居酒屋はすぐ閉めたけど、ボーイズバーは上手く経営してたんや。若い男の子を揃えて。そこに綺麗な女の人がお客さんで来たわけよ。金払いもいいし品が良くてさ。いいとこの奥さんにしか見えんかった。当たり前にその女の人と付き合うようになってたてん」

「嫁にはバレなかったの」

「嫁は十代から一緒やからな。別々に住んでたし詮索はされなかったけど、店の客やったその奥さんがある有名な親分の姐さんだった。ほぼ毎晩のように俺の店に来てたから若い衆が怪しんで告げ口したんやろな、親分にバレてもうて。ついでに俺も嫁に浮気がバレて離婚や。詫び金や慰謝料を作るために店も手放したけど、博打の借金もあったから詰められてて。マグロ船か歌舞伎町に行くしかない、となった。しやけどもう三十四歳やったから、売り上げのない0ヘルプで雇ってくれる店なんかないやん。それでも探しまくったらあの老舗店だけ面接資格が三十五歳までだった。時間ないぞってことで若いやつ連れて歌舞伎に来たのが去年の話やね。上京から半年も経たないうちにナンバーワンをとれた」

昨今の歌舞伎町では顔が悪いと売れないといわれています。細くて白くて女の子みたいに肌がツルツルで綺麗な甘い顔立ちの王子系がウケているようでした。Jが不細工かどうかは好みがあるので別に置いておくとして、わたしから見たらごく一般的な顔立ちで、エグザイル系ワイルドな風貌ではありましたが、お世辞にも王子とか美男子とは言えない。そんな容姿のJがたった一年も経たずうちに老舗店のナンバーワンになったのだから、過去の経験による彼だけの特別な魅力が備わっているはずだと。図らずともわたしの勘は当たっていました。

わたしが指名をダンにして四ヶ月もすると、ダンはナンバー常連になっていました。そうなると露出が増えますので自然にチャンスも増えていきます。絶対王者のJですら冗談交じりに「ダン、おまえ分かってるやろな。俺を抜くなよ」と言い含めるようにさえなっていました。

ある夜、Jが荒れていました。太客が切れたというのです。そこで、わたしの知人を交えた酒席に男芸者としてJとダンを呼ぶことにしたのです。もし、その場にいる誰かと仲良くなれたら多少なりとも応援してもらえるかもよ、そんな気持ちで誘いました。すると、あろうことか某有名企業の女社長はJではなく子分のダンと意気投合してしまったのです。育ちのいい社長が、有名大学出身で会社員の経験があり、上品な接客ができて尚かつ清潔感もあり、目鼻立ちのはっきりしたダンを気に入るのは自然な流れだったのかも知れません。誰が誰と仲良くなるか、これればかりは推し量れない。しかしそれが気に入らないJは強い酒をあおりだしました。太客が切れたので何とか女社長に自分を気に入ってもらいたかったのでしょう。思い通りにいかなくて地団駄を踏んでいました。

「あの人、なんで俺じゃあアカンの？」

Jは酔ってわたしに絡みます。

「今回は違ったということやね。しゃあないやん」

「マリカは何で俺のことをプッシュしてくれへんねん」

「そういうのはやらない。ここにいるのは大人の女性ばかりだし、出会いは自由。恋人も友達も飲みに行くお店も自分で選ぶのよ」

「はあ？　ならなんで俺を呼んだ。おいダン、おまえいい加減にせえよ」

Jは女社長と楽しそうにカラオケに興じるダンを睨んで怒鳴りつけました。わたしは酔いが回ってきたJの腕を引っ張って店の外へ連れ出しました。とはいえJの勤める店はとうに閉店している時間です。Jの自宅も知りません。ひとまずタクシーに乗せて歌舞伎町へ戻り、Jの所属する店舗の姉妹店へと連れて行くことにしました。

「聞いてよマリカ。ダンだけじゃなく俺にも子どもがおって仕送りしてるねんで。詫び金は何とか払い終えてんけども、博打の借金がなかなか減らなくてしんどい。ヤクザに借りさせられてるから金利が高いねん。元金さえ返せたら楽になるんやけど、太いエース客が切れてもうて、このままやったらナンバー落ちるどころか仕送りすらできへんようになる。なあ頼む。俺も子どもが可愛いねん。マリカにしか頼れない。ダンから俺に指名を変えるか、お金貸して」

猫なで声でわたしを見つめ、切れ長の細い目を一生懸命に丸くして大粒の涙をポロポロと零し始めました。

「あんたの店は永久指名やないの。一度ダンを指名すればダンが辞めるまで変更は絶対に無理ですからと店長に念押しされてるけども」

「店は俺が掛け合えば何とかなる。そもそもダンじゃなく、俺がマリカに連絡先をもらってたんやで。マリカが指名をダンだと言ったにせよ、俺が留守やのに指名をダンで確定したのは店が間違ってる。ルール違反は店とダンやろ。もしマリカの指名変えの件で店が俺の要求を飲まないなら、俺かダンか選ばせる。もしダンを選んだら俺は辞めるって脅すだけ」

強い調子で畳み掛けられる。

「いや、そういう訳にはいかへんわ。あたしにも遊びの流儀ってもんがある。スジは通さないと、格好の悪いことはしたくないねん」

筋道を諭し始めるとすぐに不貞腐れた様子のJがテーブルへと顔を突っ伏した。

「それより借金っていくらあんのよ。何で作った借金さ。バカラ？」

「違う、野球。五千万くらい。マリカなら何とかなる金額やろ」

テーブルに伏した顔を上げ、打って変わった甘え声。普段は目つきが悪いと陰口を叩かれる吊り上がった目を再びウルウルさせてわたしへと向ける。

「五千万？　無理やわ。あんた阿保ちゃう」

「一千万でもええねん」

「五千万の借金って、一千万ぽっち払っても何も変わらんやろ」

「俺は誰よりも努力してる。絶対にナンバーワンから落ちたくない。落ちるわけにはいかへんねや！」

誰を目掛けているのか、Jは取り憑かれたように虚ろな目を空に向け独り言ちた。ここまで執着しなければ、容姿に恵まれているとは言い難い三十五歳のホストが競争の激しい歌舞伎町の代名詞のような老舗有名店でナンバーワンを張り続けることは不可能なのだろうな。厳しい世界だ。

「ごめんやけど、あたしには関係のない話やわ」

「あーあ、ならもうええわ。おおいこら。こっちにテキーラ持ってこいや」

「すいませんJさん、幹部からの指示でうちはテキーラ禁止になっていまして」

「うるさい！　俺が幹部じゃ。ええから早よ持ってこい言うとんじゃ」

ガシャーン。店員にめがけて投げつけられたお水の入ったグラスが壁に叩きつけられ粉々に割れました。

「J、もうそれくらいにしとき」

「おまえも俺に指図すんな。だいたい今日のあれは何やねん。ちゃんと俺にも客を紹介せえよ」

ガッシャーン。もうひとつ、今度はわたしのグラスが床に叩きつけられました。

「麻布のお嬢様も紹介したやん。けど、あんた指名で店に行ってくれとかそんなことは言えません。そこまで面倒みれんわ」

「マリカは俺がどういう心境か何も分かってない」

「愚痴や我儘は自分のお客さんか彼女に聞いてもらって。あたし、もう帰るで。あんたも早よ帰り」

そのときでした。Jがわたしの顔に向けて唾を吐きつけ、咄嗟に避けたわたしの左顔面をJの右手が打ちました。

「何するんよ」

わたしはそれ以上の暴力を制止するためJの胸ぐらを掴みかかりました。Jにはボクシングの経験があることを思い出したからです。

「離せ！」

暴れるJを見かねたスナックの店長が止めに入りました。

「マリカさん、逃げて下さい」


Jの暴力癖は本人からも周りからも聞いていました。今時お客さんへの暴力はマズいんじゃないのと咎めても、「ええねん。ホストに抱かれたい客には強い刺激が必要やから。嫉妬させて、喧嘩して、殴られて、泣いて、優しくして、仲直りして、セックスして、金使わせてなんぼ。この繰り返しや。そうやって洗脳調教する。これが俺のやり方やねん」

翌日になり、謝罪もなく何事もなかったかのようにしれっと連絡してくるJにムカッ腹が立ちました。

この日を境に、Jの在籍する老舗ホストクラブへは寄り付かなくなったのです。指名だったダンも、この夜のやり取りが影響したのか、忽然と姿を消してしまったとのことでした。Jからの連絡は無視していましたが、三ヶ月以上も連絡が続くのでブロックしました。しかし、それでもわたしのSNSのアカウントに自分の存在をアピールしてきました。加えて、ネットでJの女まわりからの攻撃が続くため、たいがい煩わしく思い、止むを得ず新宿署へ被害届を出したのです。Jは新宿署の取り調べに三度ほど応じていました。わたしは刑事罰を望んでいましたが、刑事さんによると、本人はとても反省していて、子どもがいるのでなんとか示談で許してくれないかと言っている、もう二度と付き纏わないと約束するとのことでした。子どもがいるのは本当だったようです。それを知ったわたしは検察送致にせず、起訴猶予にすることにしました。

しばらく静かになって、Ｊの存在を忘れたころに知らない番号から携帯へ通話着信が入りました。出てみたら、なんとＪでした。起訴猶予になった途端に連絡をしてきて何事もなかったかのような話ぶりに開いた口が塞がりませんでした。ダンが辞めたので、どうにかわたしを自分の指名で店に呼び戻したいのでしょう。それにしても何という執念深さでしょうか。さすが武闘派親分の姐さんの間男をしてヤクザを辞めただけあります。根っからのホスト根性です。わたしはその執着と負けん気だけでとことん食らいついてくる泥まみれのスッポンに対して、この約束違反を警察に通報するのも忘れていたのでした。

丁度そのころ、たまたま元暴力団という肩書きの作家さんと編集者と数人で食事をしていた際に、ひょんなことから歌舞伎町の話題になったのでした。わたしにすれば、そういえば老舗ホストクラブでこんなことがあって、元ヤクザのホストから未だに連絡が来るよ、スッポンのようなしつこさだわと酒の肴にして笑っただけでした。翌日にはＪの話をしたことす

ら忘れていたくらいです。ところが数日後、

「ああ、もしもしマリカちゃん。このまえの件ね、ついでがあったから呼び出して叱っといてやったで」

「えっとすいません、何のことでしょう？」

「行儀の悪い歌舞伎町のホストのことやがな。ちょっと気になって調べてみたら、ワシのめっちゃ仲良い兄弟分の下のところのやつだったんよ」

「そんな、別にわざわざ叱っていただかなくても良かったですのに……それにしても何と言って叱ってくれたんですか？」

「ワシの兄弟分がやな、◯◯というんやけども、歌舞伎町の事務所に呼びつけてやな」

「はあ……」

「今後、生島マリカさんに連絡したら殺すぞって叱ったらしいで」

「こ、殺す？」

その作家さんは大笑いしながら続けました。

「そうやがな。勢いええ若いのに囲ませてやな、二、三発ほど殴る蹴るしてヤキを入れてから土下座させて殺すぞって叱ってんて」

それは叱ってるんじゃなくて脅してることになるんじゃないのか。しかも暴力まで振るう

なんて。わたしは自分の顔から血の気が引くのが分かりました。そんな、あたしの名前を出して殺すぞはないわ。こんな勝手なことされても困る。殺すぞなんて、あたしは頼んでないからね。もし警察に走られでもしたらどうするんだろ。いまどきヤクザなんてちょっと怒鳴っただけでも罪に問われるだろうに。

「心配せんでも大丈夫やで。あいつは紛れもなく暴力団組織に所属しとった一端の元暴力団員や。これでデコに走ったらその後どうなるか、あいつが誰より分かってる。実家の住所、母ちゃんのスナック、嫁さん子どもの居場所、名前も生年月日も何もかも全て過去に所属した組織に知られてるからよ」

「そうなんですか……」を言うのが精一杯。もう言葉が口を衝いて出てこなかった。

「あんな奴らはな、ちょっとくらいどついたってもかまへんねんて。あいつ、えらいことエグい商売しとるらしいでな。まず結婚詐欺は日常茶飯事やろ、毎回地元のお母さんのスナックへ連れて行っては婚約者として紹介するらしいわ。好きな男にそんなんされたら女の子は嬉しいやん。信用するよな。それからやれ独立するから資金を出してくれ、お母さんが病気なって金が要る、博打の借金があるから立て替えて欲しいと続くわけや。可哀想に」

「あ、博打の借金あるのはあたしも聞きましたわ」

「せやろ～　まさか出してへんよな」

「出しませんよ。何であたしがそんなことしなきゃいけないんですか」

「それから女に薬使うって噂もあるで。昼職の女の子に貯金を吐き出させたら風俗に沈めるとか、苦労人の風俗嬢には結婚を餌に給料を巻き上げるとかな、土地持ちの娘には親にバレないよう土地を売って金を作ってこいとかよ。あいつそんなん朝飯前やで。ほんま悪いやっちゃ。囲い込んどる女の子も常に何人かはおるはずやで。でもまあ、そんなのはホストの仕事のうちと言われてしまえば終わりやけども、なんせこの時代には珍しい、ヤクザ顔負けの極悪非道なホストやでな」

「そりゃそうでしょ。元がヤクザなんですから。ヤクザとホストが結婚して生まれた子どものようなもの。二重に悪ですよ」と唇から漏れそうなのを我慢した。とはいえ広域暴力団の元親分にそこまで言わせたら、むしろ褒め言葉にさえ聞こえてくる。

「いや〜　いくらヤクザでも女相手にここまではやれんで」

「女を五人ほど飼ってるから食いっぱぐれはないと笑いながら自慢してましたわ」

「ヤクザにも竿師はおるけどね。貢いでくれる風俗嬢が三人おったら一生遊んで暮らせるもん」

なるほど、これがヤクザとホストの親和性というものなのか。「J、あいつはヤクザでホストのダブル鬼畜というわけよ。歌舞伎町でもトップクラスの鬼になるのも当然といえば当然の流れやわな」

とはいえさすがの鬼にも元上司からの「殺すぞ」は効いたようで、ようやくJからの連絡が途絶えました。あれだけしつこいスッポンが、ようやく鴨を口から外したのでした（ただし、申し訳ないことに毒入りの鴨でしたがね）。この件について、嘘偽りのない正直な感想を打ち明けてしまえば、暴力団の脅しってすごい威力があるんだなあ、と感心したことでした。ダイレクトな暴力とはこれほど顕著に効果が出るものなのかと。つまり、脅しでは済まない場合もあるということなのでしょう。脛に傷もつ身の人間にしか通用しない荒っぽい手立てではあると思いますがね。


約一年後、麗らかな春の日のことでした。咲き始めた桜を鑑賞するため公園を散歩中に、一本の電話が鳴りました。

「はいもしもし。どちら様ですか？」

「マリカ久しぶり！」

その声はまさかのJでした。

「……おまえよくあたしに電話してこれたわね。歌舞伎町の〇〇〇〇ってとこの偉い人からあたしに連絡したら殺すって脅されたんじゃないの？」

「うん、脅されたで」

「なのに何で連絡してくんのよ」

「もうだいぶまえの話やん。それよりたまには飲もうや」

もしも例の件が、わたしが元親分に頼んだことだったとしたら、「しつこく客につきまとう元ヤクザのホストを叱った現役武闘派ヤクザ」は面子を潰されたことになるのではないのだろうか。ヤクザは言葉を重んじるもの。現役のヤクザが自分の組のシマである歌舞伎町のホスト風情に顔を潰されたということになれば、ヤクザがホストに舐められたという話になってしまうわけで、そうすればヤクザは死活問題になるので黙っていない。脅しだけで済まなくなるはずでした。わたしは何も頼んでいませんが、Jはそんなことは知らないはずで、あの状況だとわたしが頼んでやらせたことだと思われていてもおかしくなかったでしょう。もちろん実際に頼んでいないのですが、その危険を冒してまで連絡してくるとは何て愚かな男なのでしょうか。しつこいを通り越したここまでの馬鹿だと、わたしは呆れたと同時に笑いが込み上がってきました。大したものだと一服しました。恐れいるとはこのことです。Jの、ヤクザやホストの枠を超えた、決して諦めずにどこまでも食らいついてくるスッポン根性を認めたくなってしまったのでした。

「J、天晴やわ。さすが歌舞伎町の鬼の名に相応しい。そのスッポンのようなしつこさに免じて、今夜からおまえ指名で飲みに行ったるわ」

「ありがとう。首を長くして待ってるわな」

それから五年後の現在。歌舞伎町の鬼は数々の伝説を作り、四十を過ぎても未だ現役で子鬼たちと肩を並べ、鬼合戦を続けているのだそうな。

おわりに

二〇二〇年春のこと。親愛なる鈴木智彦さんが一冊の小説をツイッターで紹介されました。わたしは直ちにその小説を買い求めると、一晩で読み尽くしてしまったのでした。読後すぐに感想をつぶやいたところ、著者の草下シンヤさんから連絡をもらい初めてお会いしたのです。ひと通りの世間話の後に「最近は書いていないのですか?」との問いかけをいただきました。わたしは飛び上がるような嬉しい気持ちで持参したノートパソコンを開き、若かりしころに経験したエピソードを書き留めた原稿を差し出したのです。草下さんは、じっくりと真剣に読み終えて、「面白いです。追加であと四本くらいあれば出せるかも知れません」と、わたしをまっすぐ見て言ってくれたのが始まりでした。

このような経緯から、鈴木智彦さん監修のもと本稿「修羅の花」は完成して無事に刊行の運びとなりました。ひとりでも多くのかたが本作で昭和任侠のロマンに触れてくれたらとの願いを込め、ここに後書きとさせていただきます。

追伸、わたしに再び書く勇気と喜び、そしてチャンスをくれた草下シンヤさん、鈴木智彦さんに心より御礼を申し上げます。

二〇二一年七月某日、新神戸へ向かう列車にて。

【著者】
生島マリカ（いくしま・まりか）
1971年、神戸市生まれ。真言宗の僧侶。最終学歴小学校卒。印中露韓の在日２世。宝石卸商を営む父と貿易商の母を持ち裕福な家庭に生まれる。幼少期は乳母とお手伝いさんに育てられた。13歳で単身ストリートチルドレンに。象皮病と二度の癌で生死をさまよい４度の結婚離婚を経験する。モデル、秘書、ホステスを経て半生を綴った処女作『不死身の花』（新潮社）がベストセラーになり注目を浴びる。近年は歌手やプロデュース業にも活動を広げ多彩な才能を見せている。

【監修者】
鈴木智彦（すずき・ともひこ）
1966年、北海道生まれ。日本大学芸術学部写真学科除籍。雑誌・広告カメラマンを経て、ヤクザ専門誌『実話時代』編集部に入社。『実話時代BULL』編集長を務めた後、フリーに。週刊誌、実話誌などに広く暴力団関連記事を寄稿する。主な著書に『ヤクザと原発　福島第一潜入記』（文藝春秋）『潜入ルポ　ヤクザの修羅場』（文藝春秋）『サカナとヤクザ』（小学館）などがある。

山口組トップから伝説の経済ヤクザの息子までが素顔を見せた
修羅の花

2021年10月20日第一刷
2021年10月21日第二刷

著　者　　生島マリカ

監　修　　鈴木智彦

写　真　　中里吉秀

発行人　　山田有司

発行所　　株式会社　彩図社
東京都豊島区南大塚3-24-4
MTビル　〒170-0005
TEL：03-5985-8213　FAX：03-5985-8224

印刷所　　シナノ印刷株式会社

URL　　https://www.saiz.co.jp
https://twitter.com/saiz_sha

 ISBN978-4-8013-0557-1 C0095